Processos
da negociação

SÉRIE ADMINISTRAÇÃO E NEGÓCIOS

Jorge Alexandre Vanin

Processos
da negociação

EDITORA
intersaberes

EDITORA intersaberes

Rua Clara Vendramin, 58 . Mossunguê
CEP 81200-170 . Curitiba . PR . Brasil
Fone: (41) 2106-4170
www.intersaberes.com
editora@editoraintersaberes.com.br

Conselho editorial	Editora-chefe
Dr. Ivo José Both (presidente)	Lindsay Azambuja
Dr.ª Elena Godoy	Supervisora editorial
Dr. Nelson Luís Dias	Ariadne Nunes Wenger
Dr. Neri dos Santos	Analista editorial
Dr. Ulf Gregor Baranow	Ariel Martins
	Projeto gráfico
	Raphael Bernadelli
	Capa
	Lado B (Marco Mazzarotto)
	Fotografia da Capa
	Potapova Valeriya/Dmitriy Shironosov/Ashwin Kharidehal Abhirama/ PantherMedia

1ª edição, 2013.

Foi feito o depósito legal.

Informamos que é de inteira responsabilidade do autor a emissão de conceitos.

Nenhuma parte desta publicação poderá ser reproduzida por qualquer meio ou forma sem a prévia autorização da Editora InterSaberes.

A violação dos direitos autorais é crime estabelecido na Lei n. 9.610/1998 e punido pelo art. 184 do Código Penal.

Dados Internacionais de Catalogação na Publicação (CIP)
(Câmara Brasileira do Livro, SP, Brasil)

Vanin, Jorge Alexandre
  Processos da negociação/Jorge Alexandre Vanin.
Curitiba: InterSaberes, 2013. (Série Administração e Negócios)

  Bibliografia.
  ISBN 978-85-8212-731-5

  1. Negociação 2. Planejamento estratégico 3. Solução de problemas 4. Sucesso 5. Tomada de decisão I. Título. II. Série.

12-14214   CDD-658.4052

Índices para catálogo sistemático:
1. Negociação: Administração de empresas 658.4052

EDITORA AFILIADA

Sumário

Apresentação, IX

(1) Negociação e condições mercadológicas, 11
    1.1   Negociação: conceitos e importância, 14
    1.2   Cenários e condições mercadológicas, 17

(2) Níveis de negociação, 27
    2.1   Formas de negociar, 30
    2.2   Negociação por terceiros, 32
    2.3   "Desnível": o outro lado mais poderoso, 33

(3) Estratégias de negociação, 37
    3.1 Matriz de estratégia, 40

(4) Estilo de negociação, 51
    4.1 Escolha do negociador, 54
    4.2 Características de um bom negociador, 55
    4.3 Opções de ganhos mútuos, 56
    4.4 Percepções, 58

(5) Etapas de uma negociação, 63
    5.1 Estruturação, 66

(6) Negociação e tomada de decisão, 77
    6.1 O comportamento humano nas organizações, 80
    6.2 Decidir com criatividade, 82
    6.3 O processo decisório, 83

(7) Poder e modalidades de decisão, 89
    7.1 Origem do poder: do que estamos falando?, 92
    7.2 Tomada de decisão e poder, 95

(8) Ética, conflito e negociação, 101
    8.1 Ética nas negociações, 104
    8.2 Conflito e negociação, 107

(9) Comportamentos e táticas na negociação, 113
    9.1 Características e comportamentos, 116
    9.2 Táticas, 117

(10) Impasses e concessões, 125
    10.1 Impasses: definição, 128
    10.2 Solucionando impasses, 130

Considerações finais, 135

Referências, 137

Gabarito, 139

Apresentação

Convivência, relacionamento, necessidade de crescimento pessoal, profissional e empresarial são aspectos do nosso dia a dia que têm fundamental importância para alcançarmos nossos objetivos. A evolução em todos os níveis é da natureza da estrutura capitalista. Queiramos ou não, o mundo está assim organizado e, sob o enfoque positivo, essa necessidade de crescimento nos motiva, nos incentiva a buscar evolução. Sob essa premissa, apresentamos aqui os aspectos pessoais e naturais do ser humano, cujo comportamento é persistir na busca incansável do crescimento.

Aliada a esses aspectos pessoais – que são a base de todo o desenvolvimento das civilizações – está a globalização, a qual veio impor um ritmo frenético e certa complexidade, pela necessidade de relacionamentos intercontinentais, envolvendo a diversidade de idiomas, culturas e regras. Observamos, então, que aquele movimento natural do crescimento do indivíduo o coloca em situação de ampla diversidade, comparativamente ao passado recente, quando as relações eram mais restritas e se limitavam ao desenvolvimento de transações locais ou regionais ou, quando mais complexas, desenvolviam-se nos extremos geográficos nacionais.

Sobram eventos, sempre com características promotoras de mudanças radicais e velozes, contribuindo para a construção desse cenário. Alguns deles: no cenário interno, a recente redemocratização do país, que trouxe alterações sociais e econômicas importantes, como a queda da Lei de Similares, que abriu o mercado para a importação de tecnologias e a consequente evolução do setor produtivo nacional; a redução do poder do Estado, com as privatizações; os ajustes econômicos que promoveram o controle dos níveis inflacionários e a consequente estabilização do valor da moeda nacional. São alterações internas de fundamental influência para os destinos nacionais. Internacionalmente, o fim da Guerra Fria, movimento que extinguiu a corrida armamentista entre potências; a queda do Muro de Berlin; o terrorismo; as seguidas crises ocorridas em importantes economias – como a do Japão, da Rússia, do México, da Argentina e do Brasil. Por fim, a recente crise mundial iniciada nos Estados Unidos, em virtude da supervalorização artificial de ativos imobiliários, ocasionando movimentos recessivos sem precedentes, com impactos em âmbito mundial.

Então, vejamos: há pessoas desenvolvendo movimentos de busca do sucesso. Esse é o comportamento natural que vigora a partir da existência do ser humano na face da Terra; há um mundo complexo e sem fronteiras, facilitado pela evolução tecnológica e das comunicações e há movimentos de toda ordem acontecendo, ocasionando ainda mais diversidade nas relações.

Todo esse contexto requer maior atenção, perspicácia e competência dos envolvidos nesse processo no desenvolvimento de suas atividades.

Qualquer que seja nossa atividade, não há como excluir a negociação dos nossos procedimentos diários. A razão é simples: precisamos conviver e nos relacionar pela necessidade de crescimento pessoal, profissional e empresarial.

A negociação passa, portanto, por um desenvolvimento intenso nos últimos tempos. Este livro trata desse assunto na seguinte ordem: condições de mercado e importância da correta leitura de cenários, com exame da questão negocial propriamente dita; princípios e diversos níveis de negociação e estratégias; análise de aspectos pessoais e comportamentais e estilos negociais; estruturação do processo de negociação em etapas, de forma que possamos considerar todos os movimentos, tanto do nosso interesse quanto da satisfação das demais partes envolvidas; análise dos aspectos ligados à tomada de decisão, questão sempre presente ao final dos processos de negociação, além dos aspectos comportamentais e psicológicos de exercício do poder; abordagem de questões ligadas à ética nas negociações, que são hoje de suma importância e, aliado a esse tema, demonstração do uso de estratégias e táticas nos processos negociais. Por fim, análise de situações de impasses e apresentação de algumas técnicas para contorná-los.

Este roteiro objetiva melhor prepará-lo para o dia a dia das suas atividades, tanto pessoais como profissionais, contribuindo com o seu desenvolvimento. Por meio dele, buscaremos guiá-lo para a definição clara de objetivos numa negociação; para a escolha da melhor estratégia e para preparação desta, verificando pontos fortes e fracos de ambos os lados; para fortalecer sua posição na busca de acordos que atendam às partes envolvidas cujas decisões sejam possíveis de serem implantadas.

Boa leitura a todos e bons negócios!

(1)

Negociação e condições
mercadológicas

Jorge Alexandre Vanin é formado em Administração pela Pontifícia Universidade Católica do Rio Grande do Sul (PUCRS), especialista em Gestão Financeira pela Universidade Federal do Rio Grande do Sul (UFRGS) e mestre em Estratégia das Organizações pela Universidade do Vale do Rio dos Sinos (Unisinos). Exerceu a função de gerente de administração em agência bancária, depois de 30 anos de trabalho – carreira concluída como administrador no segmento "Corporate" do banco –, além de ter atuado como educador corporativo na área de recursos humanos por 6 anos, quando ainda realizava atividades na função bancária.

Possui outros cursos de formação de curta duração na área financeira, de recursos humanos e de gestão, oferecidos por entidades como Instituto Brasileiro de Mercado de Capitais (Ibmec), Fundação Getulio Vargas (FGV) e Universidade de São Paulo (USP).

Jorge Alexandre Vanin

O ato de negociar pode referir-se a uma discussão familiar, a um contrato que envolva relação comercial duradoura ou obtenção de um tratado de paz entre nações. Não importa sua abrangência, no nosso cotidiano estamos sempre negociando posições, que podem envolver cifras, valores ou interesses. Essas cifras podem ser objetivamente financeiras ou, por outro lado, ideológicas, referentes a interesses que não sejam puramente de valor monetário. Há, porém, anteriormente aos interesses envolvidos em cada discussão, uma base em que tudo acontece: trata-se das condições de mercado, que é o cenário em que atuamos. Essas condições são a base de toda a negociação, não importando se ela envolve valores monetários ou apenas interesses pessoais de outra ordem.

Considerando que o tema desta obra é "processo negocial", nesta primeira etapa trataremos dos conceitos de negociação e de cenários. Iniciamos, portanto, com conceitos sobre o nosso tema principal e, neste mesmo capítulo, desenvolveremos alguns conceitos da dinâmica de mercado e da importância de informações, espaço no qual se desenvolvem as relações negociais. Ele é complexo, dinâmico e repleto de dados, muitos dos quais acessíveis a todos.

A congruência entre ambos está no fato de que para melhor negociar, como veremos adiante, é necessário deter o maior nível de informações sobre o tema tratado. A maior parte dessas informações está disponível no mercado e é comum a todas as partes envolvidas, à exceção de alguns dados que se referem a particularidades de interesse das partes. Essas informações comuns geram tendências, sendo importante entendê-las por se tratarem de conceitos básicos de cenários e proporcionarem condições de defendermos, durante um processo de negociação, posições que atendam a interesses futuros, coerentes com as tendências de mercado.

(1.1) Negociação: conceitos e importância

Poderíamos iniciar a contextualização do tema "negociação" de várias maneiras, mas vamos fazê-la de forma abrangente, visando atribuir a amplitude que esse tema tem hoje: *democracia*. Podemos utilizar essa palavra como a razão da existência dos processos de negociação na sociedade atual. As relações, tanto pessoais quanto de negócios, adquirem alto grau de liberdade e são limitadas apenas pela estrutura legal à qual se submetem todos os cidadãos. Ao contrário, a ausência de democracia elimina as discussões e subordina as pessoas a decisões unilaterais e arbitrárias.

Mas as sociedades democráticas são todas iguais? Bem, aqui o assunto começa a ganhar complexidade quando respondemos negativamente a essa questão. As democracias se diferenciam com base em sua cultura, seus hábitos, sua legislação e suas evoluções econômica e tecnológica, sendo que esses dois últimos aspectos definem o nível de vida e são determinantes no nível de poder exercido nas negociações.

Desenhada a amplitude do processo negocial, embora de forma sucinta, vamos definir o que é negociação, utilizando a visão de alguns autores. De acordo com Fisher et al. (2005, p. 15), "a negociação é um meio básico de conseguir o que se quer de outrem. É uma comunicação bidirecional concebida para chegar a um acordo, quando você e o outro lado têm alguns interesses em comum e outros opostos".

Podemos considerar simples um processo negocial envolvendo apenas duas partes, como citado anteriormente pelos autores. Porém, são comuns situações em que negociações possuem um número maior de intervenientes e de interesses em jogo, tornando-o mais complexo. Às vezes, imaginamos haver apenas duas partes envolvidas e, quando nos damos conta, há, no mínimo, outras duas. Por exemplo: quando somos representantes de uma empresa e estamos efetuando uma transação comercial com outra. Ambos estamos discutindo preços e condições em nome de alguém, que pode ser a empresa ou nosso superior. Observamos que, embora as condições colocadas na negociação sejam dadas pela organização que representamos, não há como excluir as influências pessoais de ambas as partes, resultado de nossa formação e conduta. Podemos afirmar sobre esse primeiro exemplo que há no mínimo quatro participantes nesse processo.

Outra visão de negociação, conforme Andrade et al. (2004, p. 11):

> Hoje, a arte de negociar faz parte do dia a dia das pessoas e não somente das organizações. Para atingir um objetivo, seja na vida pessoal, seja na profissional, as pessoas precisam negociar e não impor uma decisão. Destaca-se, entre os desafios da atualidade, a arte de comunicar-se eficazmente e aprender a trabalhar em equipe. Quanto maior a interdependência, maior o conflito. Negociar, portanto, tornou-se nos dias de hoje uma das maiores habilidades humanas. Por isso, sua relevância na gestão. Para tanto, é importante que se entendam as formas de proceder.

Observamos nessa nova definição do processo negocial outras variáveis, como o trabalho em equipe, a comunicação e a importância da negociação como ferramenta para a gestão e a ela atribuímos importância. Devemos estar atentos ao ambiente mercadológico e às suas tendências, como observaremos neste capítulo.

Mello (2005, p. 12) apresenta a seguinte versão sobre o ato de negociar: "Existem formas diferentes de negociar que devem ser utilizadas como ferramentas para alcançar seus objetivos como negociador, não só no plano profissional, como também no plano pessoal, já que estamos constantemente realizando negociações com todos aqueles que nos cercam, mesmo que não percebamos esse fato".

Citamos a posição desse autor devido à amplitude do assunto. Buscamos neste trabalho conhecer técnicas, comportamentos, formas de coletar e de organizar as informações, para que possamos estar sempre nas melhores condições por ocasião das discussões, evitando ao máximo situações adversas ou resultados imprevistos.

Um aspecto importante no processo negocial é o fato de que não há como separar as pessoas do processo de negociação: ao contrário de processos de compra pela internet ou por meio de outros procedimentos sem relacionamento pessoal, como compra em supermercados, que não podem ser chamadas de negociação.

Nessa situação, é um processo de aceitação puro e simples. Quando há negociação, é porque há divergência de posições ou de interesses e ocorre a discussão. Nesse caso, o procedimento primordial é separar as pessoas do problema.

Fisher et al. (2005, p. 37) comentam: "Um dado básico sobre a negociação, fácil de esquecer nas transações empresariais e internacionais, é que se está lidando não com representantes abstratos do 'outro lado', mas, sim, com seres humanos. Estes possuem emoções, valores profundamente enraizados e diferentes antecedentes e pontos de vista; e são imprevisíveis". Por essa razão, devemos considerar que todo negociador tem, no mínimo, dois tipos de interesse: na substância da questão discutida e na relação. Parece óbvio que não ocorre processo negocial com objetivos conflituosos. Ao contrário, buscam-se soluções.

Por esse motivo, uma das primeiras etapas, quando se iniciam as discussões, é separar as pessoas do problema. Nesse caso, vejamos o que dizem Fisher et al. (2005, p. 39-40):

> *Para lidar com problemas psicológicos, use técnicas psicológicas. Se as percepções forem inexatas, procure meios de esclarecê-las. Se as emoções se intensificarem, encontre meios para que cada pessoa envolvida possa extravasá-las. Se houver mal-entendidos, trabalhe no sentido de aprimorar a comunicação. Para achar a trilha na selva dos problemas pessoais, é útil raciocinar em termos de três categorias básicas: percepção, emoção e comunicação. Todos os diversos problemas das pessoas recaem numa dessas três classes. Ao negociar, é fácil esquecer que você deve lidar não apenas com os problemas pessoais dos outros, mas também com os seus. Sua raiva e frustração podem obstruir um acordo que lhe seria benéfico. Suas percepções tendem a ser unilaterais, e é possível que você não escute ou não comunique satisfatoriamente.*

Para trabalhar essas questões, segundo os mesmos autores, devem-se aplicar as seguintes técnicas, as quais se aplicam tanto a problemas pessoais quanto aos da outra parte também ligados às pessoas:

- compreender o pensamento da outra parte, o que não significa aderir a ele;
- pensar que o conflito não está na realidade das pessoas, mas na mente destas, ou seja, assim como o criamos, podemos extingui-lo;
- colocar-se no lugar do outro; procurar não deduzir as intenções do outro com base em suas percepções, situação que pode provocar falsas interpretações;
- não culpar o outro pelo seu problema e observar qual a sua responsabilidade e competência em solucioná-lo;

- procurar apresentar situações contraditórias em relação ao ponto de vista da outra parte, de forma a trazê-lo à reflexão;
- demonstrar possíveis resultados positivos não percebidos, que sua proposta pode proporcionar.

A Figura 1.1 demonstra resumidamente esse processo:

Figura 1.1 – Como chegar ao "sim"

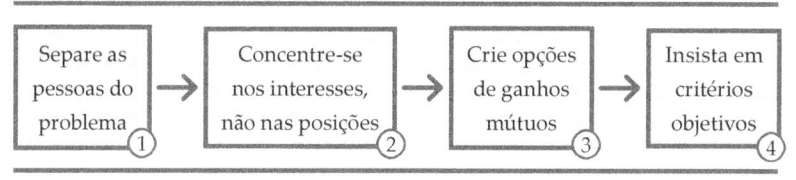

| Separe as pessoas do problema ① | → | Concentre-se nos interesses, não nas posições ② | → | Crie opções de ganhos mútuos ③ | → | Insista em critérios objetivos ④ |

Fonte: Adaptado de Fisher et al., 2005.

Seguindo na apresentação de conceitos sobre negociação, apresentamos a seguir a visão de Lewicki et al. (2002, p. 18), agora com uma versão dos objetivos de um processo negocial,

> As negociações ocorrem devido a um destes dois motivos: (1) para criar algo novo que nenhuma das partes poderia fazer por si só ou (2) para resolver um problema ou uma disputa entre as partes. Devido ao fato de podermos negociar sobre tantas coisas diferentes, o entendimento dos processos fundamentais da negociação é essencial a todos que trabalham com outras pessoas.

Apresentamos até aqui algumas visões de negociação, sua importância nas relações atuais e as interações entre as questões a serem negociadas e as pessoas envolvidas. Com base nessa contextualização da importância do processo negocial na visão de diversos autores, vamos estudar as questões ambientais e de cenários, que é onde se travam as discussões. Podemos dizer que é o campo de competição no qual se apresentam os recursos e as suas condições.

(1.2) Cenários e condições mercadológicas

Pois bem, sabemos da histórica importância da informação. Na atualidade, essa questão ganha ainda mais ênfase em razão da existência de um grande e complexo volume, que é o primeiro aspecto, e da sua disponibilidade, o segundo aspecto. Para entender a verdadeira dimensão, basta observarmos na história quais foram os movimentos estratégicos realizados pelos ditadores como primeira iniciativa:

invariavelmente, observamos o controle das comunicações. Não nos faltam exemplos em filmes: nas tramas em que aparece a superioridade do vilão ou do herói, podemos observar que as posições vantajosas decorrem da detenção de informações obstadas à outra parte.

Mas quais informações são importantes? Como organizá-las? Há diferença entre o conhecimento necessário nas negociações do meio empresarial em relação às pessoais? É o que procuraremos esclarecer nesta etapa, com a intenção de oferecer base para a estruturação de dados para que nos sintamos seguros no momento das discussões.

No meio empresarial, existem técnicas de análise de ambiente, que visam imaginar a tendência de ocorrências futuras nos diversos setores econômicos. Tais previsões proporcionam aos estrategistas condições de planejar e imaginar o crescimento de suas empresas ou mesmo a necessidade de extinção de determinado ramo de negócios.

A análise ambiental é a base do planejamento estratégico das empresas. Tendo por pressuposto as conclusões obtidas da previsão futura dos negócios, os altos executivos das organizações decidirão os rumos futuros delas, prevendo aspectos como resultados, nível de crescimento para curto, médio e longo prazos e a necessidade de investimentos, entre outras iniciativas. Concluímos, portanto, que esse estudo define o volume de negócios futuros necessários para dar sustentação ao crescimento proposto. Como regra, nenhuma organização está no mercado com objetivos de estagnação ou redução, exceto em setores que estejam tecnologicamente comprometidos. Não é difícil prever então que é desse processo que surgirá a dinâmica dos negócios e a necessidade de nos preparamos bem para obtermos sucesso nas negociações.

Para analisar cenários, existem algumas técnicas utilizadas pelas empresas. Wright, Kroll e Parnell (2000, p. 75) apresentam os quatro métodos mais usuais de análise ambiental:

> *O "scanning" e as análises macroambientais do setor são apenas marginalmente úteis se tudo o que fizerem for revelar condições atuais. Para serem verdadeiramente significativas, essas análises devem prever mudanças e tendências futuras. Embora nenhuma forma de previsão seja totalmente garantida, várias técnicas podem ser úteis: análise de séries temporais, previsões por julgamento, cenários múltiplos e a técnica Delphi.*

Apresentamos a seguir como são operadas cada uma das técnicas, sua funcionalidade e importância, bem como suas vantagens e desvantagens:

- ANÁLISE DE SÉRIES TEMPORAIS – Por meio da análise da tendência de determinados aspectos econômicos e histórico-sociais, como crescimento populacional, evolução tecnológica, disponibilidade de renda da população, mudança comportamental, fornecedores etc., projeta-se o futuro de tais itens com o objetivo de fazer uma previsão dessas variáveis. Esse método de análise tem sua importância por considerar a evolução de todo o sistema, e sua vantagem reside no exame do crescimento de fatores que podem indicar as curvas do futuro. A desvantagem é que, geralmente, o analista deixa de considerar as possibilidades de mudanças de rumos, decorrentes de eventuais crises, intempéries ou outros fatores que alterem substancialmente as projeções.

- Previsões por julgamento – Quando a evolução das variáveis não obedece a certa regularidade na evolução ou quando não há dados disponíveis que permitam a análise de certa regularidade, as empresas utilizam seus funcionários, fornecedores, principais clientes e entidades de classe para realizar previsões. Não deixa de ser um método válido, que oferece como vantagem o aspecto de que as informações têm como origem pessoas ou entidades que possuem um bom conhecimento sobre o ramo de negócios. Uma possível desvantagem é o fato de que as informações podem ser tendenciosas, dependendo de sua origem, com o objetivo de atender a interesses de parte do informante.

- Cenários múltiplos – O planejador utiliza alternativas de cenários com base na análise da evolução passada. Ocorre na impossibilidade de previsões mais seguras. Essas alternativas geralmente são em número de três, sendo uma otimista, uma realista e uma pessimista. Dependendo do comportamento futuro dos fundamentos que envolvem o negócio desenvolvido, escolhe-se uma das três possibilidades, como sentido de busca de objetivos. Esse método tem sua validade em razão da flexibilidade; como desvantagem, pode ocorrer uma má avaliação e se fazer a escolha da alternativa incorreta, gerando perda de tempo e falta de foco nas equipes envolvidas.

- Técnica Delpho – Essa última técnica é baseada em pesquisa de tendências de mercado sobre determinado setor econômico. Por exemplo: se determinada indústria do setor automobilístico desejar ter a projeção do seu mercado, ela monta um questionário, elaborado com alto padrão científico, e contrata especialistas consultores que sejam profundos conhecedores daquele tipo de negócio. Em geral, o número de consultados deve compor uma amostra estatisticamente aceita. As contratações são sob remuneração e prazo de resposta. Ao receber os questionários respondidos, dá-se a eles o tratamento estatístico, catalogando de forma consolidada as respostas. Aquelas que forem coincidentes serão aceitas como tendência firme. Sobre as restantes, constrói-se um novo questionário e é enviada uma nova onda aos mesmos consultores que novamente responderão até que se obtenha volumes desejáveis de respostas aceitas como fortes tendências. Trata-se do método mais científico entre todos e com maiores possibilidades de acerto, sua grande vantagem. O problema dele é que tem custos elevados, sendo, portanto, utilizado por empresas de grande porte que estão em ramos econômicos consolidados.

Essas são as formas de projetar tendências sobre as quais os empresários programam o futuro dos negócios e verificam a necessidade da utilização de processos negociais. Há, entretanto, muitas empresas, principalmente as de pequeno e médio porte, que não investem em projeções por indisponibilidade de recursos e de tempo. As previsões, nesse caso, são feitas aleatoriamente com base nas experiências dos seus controladores. Muitas vezes, esses empresários são exímios conhecedores do ramo em que atuam e, por isso, apresentam alto índice de coerência. Há, entretanto, os inexperientes que culminam por fazerem previsões incorretas e acabam colocando a empresa em caminhos perigosos, às vezes sem volta.

As quatro técnicas apresentadas são utilizadas não só no meio empresarial, como também por pessoas físicas que sejam investidoras detentoras de um volume significativo de capital.

Até aqui, falamos de técnicas de previsão, objetivando direcionar esforços e obter informações razoáveis para o futuro. E que informações são essas que precisamos conhecer? Se vamos nos preparar para uma discussão sobre algo pessoal que não envolva valores, sem especificarmos aqui do que se trata, o primordial é levantarmos o maior volume de informações possível a respeito; porém, se tratarmos de aspectos ligados a negócios, abrangendo valores que impliquem decisões futuras, há informações básicas que precisam ser conhecidas. Algumas que não podem deixar de ser analisadas são: custo do dinheiro no tempo e sua tendência (estamos falando de taxa de juros), mercado de capitais e sua tendência, nível de taxa de câmbio e as variáveis que a determinam. Em resumo, estamos falando de: a) taxa de juros; b) taxa de câmbio; e c) índice da bolsa de valores.

Esses três fundamentos econômicos podem ser considerados determinantes da tendência dos negócios futuros. Além disso, inter-relacionam-se, o que implica dizer que a tendência de um ou mais deles indica a movimentação do(s) outro(s). Por isso explicaremos a mecânica de seus movimentos, em razão da sua importância nos negócios, com base em Fortuna (2006). Sua compreensão promoverá a visão de tendência, criando condições para uma tomada de decisão mais segura, com base na discussão em melhores bases. Vamos a eles:

Taxa de juros

Existem, em economias organizadas, comitês independentes vinculados aos bancos centrais – no Brasil, trata-se do Comitê de Política Monetária (Copom) –, sendo estes decisores de níveis de taxas de juros. Essas taxas são revisadas periodicamente, e é a forma organizada de se determinar a base do custo dos recursos no mercado. Esse custo nada mais é do que a taxa de juros. Mas por que a taxa definida pelo Copom significa a base das taxas praticadas no mercado? Porque o mercado é composto por três agentes que interagem. São eles:

1. AGENTES POUPADORES, que são os detentores de recursos e que têm interesse em repassá-los ao mercado a título de aplicações, com o objetivo de receber uma remuneração pelo seu capital.
2. AGENTES FINANCEIROS (ou o sistema financeiro nacional), que têm a função de intermediar recursos, ou seja, captar dos agentes descritos no item "a", pagar a eles uma taxa de juros e repassar os recursos captados aos agentes descritos no item "c" seguintes a uma taxa de juros superior à que prometeram pagar aos agentes poupadores, porque inclui a taxa oferecida, impostos, custos operacionais e margem de lucro.
3. AGENTES TOMADORES, que são os que tomam emprestado, com objetivos diversos, como implementar um negócio para os que têm uma ideia na cabeça, mas não dispõem de capital, fazer aquisições de bens de capital, pagar dívidas etc. Entre os agentes tomadores, há duas categorias: uma delas são as pessoas, físicas ou jurídicas, que se financiam e se submetem à taxa de juros que os agentes financeiros intermediadores – item "b"– cobram. A outra categoria é o governo, que, por meio do banco central, precisa levantar dinheiro para fazer frente aos seus compromissos, já que, em geral, os governos gastam mais do que arrecadam. Entre essas duas categorias de tomadores, o governo busca recursos no mercado para se financiar e, por ser ele agente considerado grande tomador e de liquidez certa (bom pagador), é ele, mesmo como tomador, quem determina a taxa de juros que deseja pagar. Essa taxa é aquela definida pelo Copom. Com base nessas informações, vamos nos colocar na posição de agente financeiro intermediador – item "b": ele dispõe de duas alternativas para repassar os recursos que capta dos agentes poupadores – item "a"; se ele tem um tomador firme e pontual, que é o governo, e que lhe garante uma taxa de juros com base na definição do Copom, os valores que ele optar por emprestar ao mercado a título de empréstimo serão a uma taxa sempre no mínimo superior à definida pelo comitê, objetivando obter margem de lucro. Na ponta inicial, ou seja, quando o agente financeiro capta os recursos dos poupadores, as taxas de juros oferecidas a estes –

item "a"– será sempre inferior às do comitê, para também preservar, na captação, margem de lucro.

Taxa de câmbio

Embora ela esteja exposta à influência de diversos fatores, como crises externas – porque suas consequências podem indicar tendência futura dos mercados externos –, notícias de tendências sobre os principais mercados etc., o nível de preço das principais moedas estrangeiras tem como fator preponderante a lei da oferta e da procura. E o nível de oferta e de procura também é afetado por notícias sobre a saúde (ou não) das economias, de acordo com o potencial destas. Basta que observemos, por exemplo, quando o Brasil não detinha reservas em dólares – o preço da moeda (ou o nível de taxa de câmbio) chegou a R$ 3,80 no ano de 2002, o que mudou a partir de uma sequência crescente de superávits comerciais, que iniciou no ano 2000, quando o país passou a construir também crescente volume de poupança externa, em dólares. Com isso, a taxa de câmbio foi regredindo em termos de valor e chegou a R$ 1,54.

Um aspecto importante a frisar é a interferência da taxa de juros na taxa de câmbio, já que o fato de atuarmos com taxas de juros elevadas é um elemento de atratividade de capitais externos para investir no país, visto que nosso sistema promete remuneração superior para os poupadores estrangeiros, se comparado a outros países emergentes. Logo, esse foi mais um fator de atratividade de capitais estrangeiros. Eles entenderam que o Brasil é uma economia que permite alavancar seus lucros. Por essa razão, houve a entrada de um grande volume de capital estrangeiro, forçando a taxa de câmbio para baixo. Isso confirma novamente a influência da lei da oferta e da procura na definição da taxa de câmbio.

Índice da bolsa de valores

Representa a tendência da média de preços de determinado conjunto de ações de empresas nacionais, de capital aberto, que têm suas ações comercializadas na bolsa de valores. Essas empresas são consideradas importantes no cenário econômico de um país. O comportamento do índice da bolsa é resultado também da oferta e procura dessas ações. Haverá maior procura se o investidor vislumbrar possibilidades de ganho. Novamente surge aqui a questão da "taxa de juros". A já citada forte entrada de recursos estrangeiros no mercado nacional ocorreu em razão das altas taxas de juros praticadas no país. Parte dos recursos internalizados – que impactaram a taxa de câmbio, baixando-a – os direcionou em parte ao mercado financeiro intermediador e em parte à compra de ativos de boas empresas na bolsa de valores, elevando assim seu preço.

A partir do início da crise mundial, a qual começou em julho de 2008, os investidores, receosos quanto ao seu desfecho, passaram a vender tais ativos para repatriar seus recursos, promovendo o movimento contrário, ou seja, a forte venda de ativos, o que levou os preços das ações a baixarem com a consequente queda do índice da bolsa. A repatriação desses recursos, portanto retornando ao país de origem, provocou uma redução do volume de recursos externos no Brasil, o que gerou o aumento da taxa de câmbio. O Copom, com vistas a gerar mais atratividade e evitar evasão maior de capitais, aumentou a taxa de juros, o que melhorou a atratividade. Não podemos omitir o fato de que a política de taxa de juros do Copom não tem só esse objetivo. Ela é também instrumento de controle de inflação. Mas esse fato não interfere na lógica que queremos demonstrar aqui que interessa como fundamento de mercado, com o objetivo de municiar os negociadores com o entendimento das tendências.

Mas conhecer essas condições é suficiente como nível de informação quanto à preparação para negociar? Obviamente, não. A mecânica aqui demonstrada é fundamental e permite ao negociador obter a visão de tendência de fatores também fundamentais que, em regra geral, interferem na alteração de preços futuros dos ativos negociados. Proporciona enriquecimento de conhecimento e, no mínimo, melhores condições de discussão com as partes envolvidas.

(.) Ponto final

Duas questões importantes foram tratadas nesta parte inicial: uma delas conceitual, sobre o processo negocial, na qual inserimos alguns conceitos comportamentais do negociador; e outra que se subdividiu em duas, sendo a primeira uma visão das técnicas de análise de cenários, e a segunda, fundamentos básicos sobre o funcionamento do mercado.

Qual a importância dos temas tratados? Entendemos ser fundamental conceituar o processo negocial na visão de autores renomados. E tão importante quanto a definição e a importância do processo negocial nos dias de hoje é entender como ocorrem os movimentos de fundamentos econômicos que interferem no dia a dia de todos nós.

É possível observar que tratamos aqui de aspectos teóricos – conceituação do processo negocial e análise de cenários – além de aspectos práticos, relativos à dinâmica do mercado. Procuramos, então, apresentar as duas visões, com vistas à melhor construção do conhecimento.

Atividades

As questões a seguir tem o intuito revisar o conteúdo deste capítulo. São objetivas e apresentam apenas uma resposta correta:

1. O processo negocial pode ser definido como:
   a. a troca de interesses com intenção de auferir vantagens unilaterais.
   b. a discussão entre duas ou mais partes sobre determinado interesse, com o objetivo de obter a melhor satisfação por parte de todos os interessados.
   c. a participação, além dos envolvidos diretos, dos seus mandatários a cujos interesses os negociadores devem procurar atender.
   d. Estão corretas as alternativas "a" e "b".
   e. Estão corretas as alternativas "b" e "c".

2. Interfere(m) no processo negocial:
   a. apenas a vontade dos envolvidos diretamente na negociação.
   b. interesses envolvidos, cultura, costumes, comportamentos e principalmente informações – estas quanto mais aprofundadas, melhor.
   c. o valor do que se está discutindo pura e simplesmente.
   d. o nível de relacionamento entre os negociadores somente.
   e. Apenas a afirmativa "a" é correta.

3. A análise de cenários é:
   a. constituída de técnicas que proporcionam às empresas ou aos negociadores fazer previsões com base em informações presentes e passadas, com vistas ao planejamento de metas futuras e seu dimensionamento.
   b. uma ferramenta para prever o futuro e apresenta alto grau de assertividade, mas apenas para poucos setores econômicos.
   c. uma técnica de gestão ultrapassada nos tempos atuais devido à evolução tecnológica.
   d. um processo destinado ao planejamento estratégico utilizado para medir resultados.
   e. uma técnica de gestão recentemente criada e em fase de desenvolvimento.

4. Há três fundamentos econômicos que se inter-relacionam, considerando o fato de que a movimentação de um ou dois deles interfere no(s) outro(s). São eles:
   a. Os três grupos de participantes do mercado.
   b. O Copom, os riscos inerentes à atividade econômica e os investidores.
   c. A dívida interna, a Taxa Selic e os déficits governamentais.
   d. Os investidores, os consumidores e o mercado externo.
   e. A taxa de juros, a taxa de câmbio e o índice da bolsa de valores.

5. O conhecimento dos fundamentos econômicos apresentados neste capítulo pode proporcionar aos negociadores:
   a. a definição das suas tendências para definir a futura taxa de juros.
   b. conhecer com certeza o futuro índice da bolsa de valores.
   c. agir contra a outra parte procurando levar vantagem no processo discutido.
   d. melhores bases na tomada de decisão nas negociações sob sua responsabilidade.
   e. Nenhuma das respostas anteriores.

(2)

Níveis de negociação

Jorge Alexandre Vanin

O processo negocial é dinâmico, alterando-se com base nas variáveis envolvidas. Interesses discutidos, níveis de valor, tempo disponível, disponibilidade ou razões que nos levam a abrir mão da busca de resultados e nível de relacionamento entre as partes são alguns dos aspectos intervenientes. Agora entramos na questão dos interesses envolvidos. O que pode parecer simples passa a ganhar ares de complexidade, considerando o que estamos buscando em uma negociação. Muitas vezes, aderimos a uma proposta mesmo observando desvantagens, em razão de objetivos pessoais. Com isso, preservamos relacionamentos, mesmo que assumindo perdas financeiras. Aqui vamos tratar de questões comportamentais diante de situações que apresentam interesses diversos, para demonstrar que nossa postura deverá ser modificada de acordo com a variedade de situações que se apresentam.

Dois outros enfoques do processo negocial serão apresentados. Um deles é a possibilidade de confiarmos determinadas negociações a terceiros por opção: é o caso de atribuirmos funções a agentes em razão de serem especialistas em determinado mercado. Outra possibilidade é conferir a tomada de decisão a mediadores, o que ocorre quando as partes entendem que, sem o auxílio de alguém não envolvido na discussão, não se chegará a um consenso. Alternativamente à utilização de mediadores e agentes, resta recorrermos à decisão judicial, situação que não se pode classificar como processo negocial, mas que definirá certas demandas a partir do insucesso da tentativa de negociação.

Por último, este capítulo trata de processo de negociação perante interesses poderosos, trazendo aspectos para conduzir adequadamente esse tipo de demanda.

(2.1) Formas de negociar

Mello (2005) apresenta três situações para exemplificar diferentes posturas de negociação:

1. VENDA DE UM VEÍCULO USADO A UM AMIGO, CUJO BEM É DE ALTO VALOR E ESTÁ EM ÓTIMO ESTADO DE CONSERVAÇÃO – Há interesse em obter um valor justo por ele.
2. COMPRA DE UM VEÍCULO USADO, DE UM REVENDEDOR QUE PARECE CONFIÁVEL – Mas você não conhece a loja e o vendedor.
3. COMPRA, TAMBÉM DE UM VEÍCULO USADO, DO SEU IRMÃO MAIS JOVEM – Ele está precisando muito vendê-lo porque precisa do dinheiro para completar o valor da compra de um imóvel, que vai desonerá-lo do aluguel. Você sabe que o veículo não está em bom estado e que o valor pedido está um pouco acima do que ele vale. Você não precisa de um segundo automóvel, muito menos usado em estado regular de conservação.

Nessas situações, seria possível conduzir os processos de negociação da mesma forma? Se a resposta for afirmativa, as consequências poderão variar entre perda de dinheiro, de uma amizade e desavenças familiares. Isso acontece porque, na primeira situação, a negociação implica relacionamento: serão necessárias boas alternativas na proposta para manter a amizade e vender o veículo por bom um preço. Na segunda situação, não há relacionamento a ser mantido. O que se busca, porém, é um bom resultado, sem a necessidade de abrir mão de vantagens por se tratar de uma relação comercial esporádica. Já na terceira situação, é importante preservar o relacionamento mesmo não havendo interesse no negócio, com evidentes possibilidades de perda financeira.

Concluímos, então, que existem diferentes formas de negociar. As bases de todos os processos de negociação são os interesses que queremos preservar. Nos três casos, trata-se da busca da conciliação entre o aspecto financeiro e os relacionamentos.

Podemos projetar três situações para as negociações corporativas. O primeiro caso busca uma parceria com outra empresa; no segundo, a ideia é ter vantagem financeira imediata, com objetivo de fechar aquele negócio, pois a manutenção de relacionamento futuro não é primordial. E, no terceiro caso, propõe-se até assumir alguma perda visando preservar um relacionamento.

Goldberg (2009) diz, sobre interesses, que:

> Todo processo de negociação envolve, por trás do lucro, interesses. Para um bom resultado na negociação, o negociador precisa tentar identificar e focalizar os interesses e reais objetivos do outro, e não apenas os mais visíveis. Cito o caso de um gerente que tinha US$ 10 mil para contratar o serviço de um consultor, que cobrava US$ 20 mil: ambos sentaram e, francamente, discutiram seus reais interesses, que incluí- am, por parte do gerente, limite de orçamento, tempo de execução e concretização do trabalho; já o consultor procurava obter lucro para suprir seus custos, definir projetos futuros a partir do atual e construir sua imagem. Esses são apenas exemplos do que pode estar envolvido em qualquer negociação. Assim "é preciso enxergar o campo da negociação de forma holística, tentando perceber o tangível e o intangível".

Identificar tais interesses no processo de negociação faz uma grande diferença. Muitas vezes, por falta de abertura e de franqueza por ocasião da discussão, as partes conduzem o processo de forma tensa, bloqueando bons resultados. Não significa aqui abrir mão de interesses estratégicos, mas, se eles forem expostos de forma adequada, é possível que ocorra facilidade no fechamento do acordo com vantagens bilaterais.

Colocar-se no lugar do outro, ouvir dando atenção aos demais interlocutores – o que não quer dizer aceitar tudo –, criar confiança e respeito utilizando instrumentos como transparência e honestidade, ser amistoso com as pessoas, porém firme com os objetivos negociados são comportamentos que vão ao encontro dos interesses e produzem um clima que proporciona a continuidade da relação.

Podemos observar então que negociar é algo difícil de se padronizar. São processos conduzidos por pessoas e requerem procedimentos que têm por base interesses, os quais variam genericamente quanto a valor, relacionamento e, como consequência, envolvimento futuro. Portanto, incluímos aqui a variável "tempo".

(2.2) Negociação por terceiros

As negociações ainda podem ser classificadas em duas categorias que indicam seu grau de complexidade. São as negociações bilaterais e as multilaterais. As primeiras incluem fundamentalmente duas partes envolvidas e se transformam em discussões apenas por esses participantes. São processos mais simples, com itens em discussão em menor número, portanto com menor grau de complexidade. A categoria "multilaterais", entretanto, ganha complexidade porque, a cada novo participante, adicionam-se novos assuntos, interesses, assim como novas posições e prioridades. A administração desse tipo de relacionamento negocial deve ser muito bem conduzida porque há uma diversidade de interesses em jogo, o que pode trazer naturalmente complicadores, segundo Andrade et al. (2006).

Há ocasiões em que os processos de negociação são transferidos a terceiros, por razões diversas. Pode-se, por exemplo, contratar mediadores, outras vezes agentes, e há situações em que não é possível um acordo pelos meios naturais e que acabam por decisão judicial.

As negociações por mediadores muitas vezes facilitam o fechamento de acordos, em razão da ausência de envolvimento sobre o que está sendo discutido. Andrade et al. (2004, p. 59) apresentam uma ressalva importante: "Muitas vezes, os mediadores podem ajudar a fazer concessões e a chegar a um acordo em negociações de pequenos conflitos de interesses, mas não são tão eficazes quando o conflito for de grande escala, quando há muito em jogo, ou quando a diferença entre os negociadores for muito grande".

Outro método é a negociação por meio de juízes. Enquanto a negociação por meio de mediadores busca ouvir as partes e construir um acordo que procure atender a ambas as partes, pelo menos parcialmente, as negociações judiciais não consideram interesses das partes envolvidas. Suas decisões são baseadas na unilateralidade da legislação, independentemente da satisfação de uma das partes, e são soberanas. Incluem-se nessa modalidade as decisões arbitrais, caminho disponível como alternativa à justiça estatal. É uma etapa posterior à mediação, quando lá não ocorre acordo. Suas decisões têm cunho oficial, com base em lei, e apresentam a característica de ser um processo muito mais veloz e menos burocrático do que os trâmites judiciais tradicionais.

A negociação por meio de juízes, seja na justiça comum, seja nos tribunais arbitrais, acontece em razão do insucesso nas negociações diretas. Pode ocorrer em contatos prévios e no esforço de direcionamento da decisão quando o assunto for controverso, mas os resultados dificilmente serão conciliadores.

Por último, há ainda o método de negociação utilizando agentes. São especialistas em determinado ramo de negócios que podem ser muito úteis quando o empresário ou negociador não obtiver o domínio do assunto a ser discutido. Um exemplo de negociação por agente é o caso dos negócios imobiliários que em geral são conduzidos por um "corretor". Apesar da vantagem de a condução ser feita por um especialista, poderá haver aumento dos custos porque há comissões a serem pagas aos agentes.

(2.3) "Desnível": o outro lado é mais poderoso

Fisher et al. (2005, p. 117) apresentam procedimentos importantes para o caso de estarmos negociando com outra parte mais poderosa. É inútil falar em interesses e barganha se a outra parte estiver em posição de determinação das suas condições. Como há situações irreversíveis, algumas atitudes podem ajudá-lo a se proteger de um mau acordo, considerando, neste caso, sua situação de fraqueza.

Esses autores orientam para dois encaminhamentos, dizendo que "em resposta ao poder, o máximo que qualquer método de negociação pode fazer é atender a dois objetivos: primeiro, protegê-lo de fazer um acordo que você deveria rejeitar, e, segundo, ajudá-lo a extrair o máximo dos recursos de que efetivamente dispõe, para que qualquer acordo obtido satisfaça seus interesses tanto quanto possível" (Fisher et al., 2005, p. 117).

Algumas recomendações:

- Abstenha-se de utilizar um piso mínimo e informá-lo imediatamente – Apresenta como aspectos importantes a inibição psicológica de criar alternativas e pode gerar uma sensação de arrependimento ao notar que poderia ter atuado em patamares superiores de valor. De outra parte, o piso mínimo pode estar fixado acima do verdadeiro e inibir uma grande possibilidade de fechamento. Em contrapartida, caso aquele não seja o real piso mínimo e a proposta tenha seu valor abaixado, sua credibilidade fica arranhada, dificultando o fechamento futuro porque transmite a impressão de que sempre o preço poderá ser reduzido um pouco mais.
- Estabeleça uma margem e se mantenha firme na discussão, avaliando o que a outra parte pensa – Nessa situação, muitas vezes, será possível proteger esse valor até o final sem precisar cedê-lo.

Nessas condições, é importante seguir a orientação de Fisher et al. (2005, p. 126): "Empregue conhecimentos, tempo, dinheiro, gente, ligações e inventiva para conceber a melhor solução para você, independentemente da concordância do outro lado. Quanto maior a facilidade e a alegria com que puder sair de uma negociação, maior será sua capacidade de afetar o resultado".

(.) Ponto final

Negociamos defendendo interesses. Eles são diversos e não se referem apenas a valores. Em qualquer processo negocial, há uma relação de tempo futuro, mesmo que não possa parecer. Por exemplo: na compra de um equipamento, quando imaginamos que jamais haverá outra negociação com aquela loja ou vendedor, ainda assim existe a questão da garantia – hoje claramente definida em legislação –, a qual manterá uma relação futura por tempo certo. E interesses são variados, levando-nos, muitas vezes, a abrir mão do resultado financeiro em um negócio porque queremos manter um relacionamento duradouro. Por essa razão, não há como padronizar as negociações: elas variam a cada situação em razão, dos interesses envolvidos.

Também por causa desses interesses, é possível que tenhamos de confiar a terceiros uma negociação: às vezes por opção, caso da utilização de agentes, outras vezes por impossibilidade de fechamento nas discussões negociais. Foram esses os métodos apresentados na segunda parte deste capítulo. Negociar com a utilização de outros implica eliminar a emoção e tratar a situação de forma mais fria e não emocional. Surgem vantagens e desvantagens nesses procedimentos. Muitas vezes, entretanto, perdemos a liberdade de escolha e algumas situações acabam tendo de ser decididas no âmbito dos tribunais, quando se elimina a liberdade de decidir e se adquire a obrigatoriedade de cumprir a decisão imposta.

Por último, tratamos sobre negociar em desnível quanto ao poder de decisão numa negociação. É possível estabelecer o equilíbrio? Algumas vezes não. Porém, investindo nos detalhes, buscando um bom nível de informação, investindo energia e tempo na análise prévia da situação podemos ganhar tranquilidade e argumentos para conduzir negociações com essas características, de forma a mudar de patamar uma relação aparentemente frágil.

Atividades

As questões a seguir trazem uma revisão do Capítulo 2 e apresentam apenas uma resposta correta:

1. O motivo de se fazerem negociações são:
   a. interesses, não apenas financeiros, o que significa afirmar que, em geral, estão em jogo o tempo futuro e relacionamentos.
   b. questões profissionais apenas, porque negócios nada têm a ver com aspectos da vida pessoal.
   c. interesses, o que significa afirmar que não podemos abrir mão de ganhos financeiros, já que estes são interesses maiores.
   d. Estão corretas as alternativas "a" e "c".
   e. Estão corretas as alternativas "b" e "c".

2. A forma de se identificarem os interesses num processo de negociação é:
   a. perguntar abertamente, no início da rodada de negociação, quais são os interesses da outra parte.
   b. informar todos os seus interesses, mesmo os mais estratégicos, logo na abertura das negociações.
   c. por dedução, já que jamais obteremos da(s) outra(s) parte(s) envolvida(s) esse tipo de informação.
   d. por meio do diálogo aberto, colocando-se no lugar do outro, para obter informações da outra parte sem que se tenha de "abrir" as informações disponíveis.
   e. pelo diálogo aberto, colocando-se no lugar do outro, para obter informações da outra parte. Criar confiança e respeito por meio de discussão séria, postura que incentivo o diálogo, facilita a comunicação dos interesses envolvidos.

3. Sobre negociações bilaterais e multilaterais, podemos afirmar que:
   a. são semelhantes no processo, variando apenas na quantidade de envolvidos.
   b. as negociações bilaterais são sempre muito simples de conduzir, enquanto as multilaterais nem sempre.
   c. as negociações bilaterais tendem a ser mais simples.
   d. embora as negociações multilaterais sejam complexas, podem ser simplificadas administrativamente.
   e. Nenhuma das respostas anteriores.

4. É possível atribuir a terceiros negociações que não chegam a um final aceitável pelas partes envolvidas. As negociações conduzidas por agentes caracterizam-se por:
   a. processos em que não houve acordo e, por isso, incumbe-se a alguém que atuará em sistema de arbitragem.
   b. tratar-se de especialistas sobre determinado tema, ocorrendo maior ausência de envolvimento emocional;
   c. culminarem em decisão judicial em razão da impossibilidade de acordo entre as partes.
   d. As afirmativas "a" e "c" são verdadeiras.
   e. Apenas a alternativa "c" é verdadeira.

5. Ao nos depararmos com uma negociação diante de negociadores poderosos, é importante:
   a. não mudarmos nosso estilo e conduzirmos o processo rotineiramente.
   b. evitarmos negociações dessa espécie.
   c. equilibrarmos forças utilizando artimanhas, mesmo que pouco éticas.
   d. investirmos toda a nossa atenção, prepararmo-nos bem e buscarmos informações de forma a estarmos muito bem instruídos.
   e. As alternativas "a", "b" e "c" estão corretas.

(3)

Estratégias de negociação

Jorge Alexandre Vanin

Neste capítulo, aprofundaremos a questão dos interesses, trazendo de forma sistematizada a organização dos processos negociais em cinco variáveis estratégicas que se alteram de acordo com estes. Novamente os interesses, que, com o aspecto econômico-financeiro, têm em seu conjunto a questão dos relacionamentos, do tempo e do nível de ganho que buscamos, proporcionam formas diferentes de negociar.

Existem quatro estratégias consideradas regulares. Mas surge uma quinta, praticada de forma escusa, que também será tratada aqui, a fim de que os negociadores estejam preparados para evitá-la ou impedir prejuízos.

(3.1) Matriz de estratégia

Prosseguindo na estruturação de processos negociais, nesta etapa, organizaremos os diversos estilos de negociação, que decorrem das variáveis de interesses envolvidos em cada agrupamento. Mello (2005) constrói grupos na matriz de estratégia, conforme podemos observar na Figura 2.1, utilizando dois critérios: a importância na manutenção de relacionamento futuro e o grau de conflito que se deseja assumir.

No capítulo anterior, observamos que processos negociais são amorfos, conduzidos por pessoas, portanto difíceis de padronizar. Essa forma de agrupamento em quatro quadrantes seria, então, algo sem utilidade? Certamente que não. A organização, como apresentada, propõe-se a preparar os negociadores para cada tipo de situação de forma distinta. Munir-se de informações diferentes e oportunas para cada caso é um dos objetivos da matriz apresentada. De outra parte, orienta-nos a não despendermos energia desnecessária nas situações em que pouco ou nada se obterá em troca.

Cabe esclarecer que, embora em quadros, devemos imaginar a matriz disposta sobre eixos cartesianos (x e y), para que seja possível visualizar as situações abaixo da linha central do quadrado como de baixa intensidade e, ao contrário, as situações acima da linha como de alta intensidade. Da mesma forma, à esquerda do eixo central vertical, temos situações de baixa intensidade e, à direita, contrariamente, de alta intensidade.

Figura 2.1 – Matriz de estratégia

IMPORTÂNCIA DO RELACIONAMENTO FUTURO			
	Alta	RELACIONAMENTOS • Equipes de trabalho • Negócios com amigos • Namoro • Investimento	COOPERAÇÃO (Preocupações balanceadas) • Parcerias • Sociedades • Casamentos
	Baixa	INDIFERENÇA • Banco estatal	COMPETIÇÃO (TRANSAÇÕES) • Compra e venda • Divórcio • Compras em lojas
		Baixo	Alto
		GRAU DE CONFLITO QUE SE DESEJA ASSUMIR	

FONTE: MELLO, 2005.

Analisaremos agora cada uma das quatro estratégias para que possamos entendê-las e decidirmos o nível de preparação que procuraremos para cada situação.

Estratégia de relacionamento

Essa estratégia se enquadra na matriz, na posição de "Alta importância do relacionamento futuro" e "Baixo grau de conflito que se deseja assumir". Toda a estratégia de condução do relacionamento levará em conta essas bases. Independentemente do que se está negociando, ela prevê a concentração de esforços no sentido de preservar relações de longo prazo. Por essa razão, apresenta algumas características como:

- possibilidade de se abrir mão de ganhos imediatos;
- concordância em fazer aquisições muitas vezes desnecessárias;
- fechamento de operações com claro favorecimento da outra parte.

Podemos dizer que essa estratégia é comumente praticada nas relações comerciais corporativas quando há interdependência entre as empresas. Não podemos excluir outros relacionamentos com características de relações pessoais, sem envolvimento de valores. Vamos citar algumas situações em que essa estratégia deve ser praticada: em investimentos com entregas de bens em diversas etapas futuras; relações entre corporações, quando uma é fornecedora de itens importantes na cadeia produtiva da outra; relações profissionais internas, entre filiais ou na mesma dependência, considerando que as relações profissionais geralmente são de longo prazo; situações de relacionamentos iniciais entre casais até a situação de noivado, por exemplo; instalações comerciais em imóveis de terceiros, como *shopping centers*.

A preparação para esse tipo de estratégia de negociação apresenta algumas características peculiares, como conhecimento profundo do negociador, do negócio e da situação econômico-financeira da outra parte, do seu histórico em relacionamentos similares, da qualidade dos seus produtos quando a negociação envolve aquisição de bens, produtos ou matérias-primas. No caso das relações internas entre funcionários, é importante conhecer e seguir os preceitos da cultura da empresa, com vistas à manutenção da tradicional linha de comportamento.

Essa estratégia visa, portanto, preservar relacionamentos. Guarda coerência com o que prevê Cateora, citado por Santos et al. (2009), quando diz que "as negociações não deveriam ser conduzidas em uma situação típica perde-ganha e sim como um benefício compartilhado que assegurará um relacionamento em longo prazo". Nas estratégias de relacionamento, embora muitas vezes possa aparentar que esteja ocorrendo perda por uma das partes, o quadro se reverte na visão de longo prazo, isto é, abre-se mão de alguma vantagem inicialmente com vistas a recompor essas perdas por meio do relacionamento de longo prazo que estará se sedimentando.

Estratégia de cooperação

A estratégia de cooperação se apresenta nos quadrantes de estratégia, na posição que requer "Alta importância do relacionamento futuro" e "Alto grau de conflito que se deseja assumir", o que parece estranho, já que busca cooperação entre as partes. Essa cooperação visa a resultados mútuos. Em ambientes em que não há conflito no sentido de discussões positivas ou o bom conflito – aquele que gera crescimento –, a tendência é manter-se o conservadorismo e a evolução moderada. É nesse sentido que queremos tratar dessa posição de conflito no caso da estratégia de cooperação.

A estratégia de cooperação tem por objetivo o equilíbrio nas relações sem, entretanto, abrir mão de resultados. Podemos dizer que é a busca, em conjunto, de bons resultados. Talvez aqui fique melhor explicada a existência do alto grau de conflito em uma situação que também foca o alto grau de relacionamento. Essa estratégia apresenta as seguintes características:

- refere-se a situações comerciais em que os envolvidos se unem para a busca de resultados imediatos e futuros;
- tem relacionamento crescentemente sólido com ganhos igualmente crescentes;
- as partes não abrem mão de ganhos conjuntos; ao contrário, unem-se para otimizar resultados.

Para melhor caracterizar essa modalidade de atuação negocial, seguem algumas situações que requerem estratégia cooperativa:

- relações contratuais entre franqueador e franqueado, considerando a forte interdependência entre si, porque o primeiro depende fundamentalmente do sucesso do segundo para receber os *royalties* contratados e melhorar os resultados quanto maior for o volume de vendas efetivadas pelo franqueado;
- parcerias comerciais do tipo *joint venture* – negócios entre um detentor de capital ou investidor e outro detentor de uma tecnologia, porém sem recursos para explorá-la: um não subsiste sem a união com o outro;
- sociedades entre duas empresas;

1. nas relações pessoais, aqui se enquadra o casamento (pode-se estranhar este exemplo na modalidade estratégica em que exista maior grau de competição, porém, primordialmente o que se observa em casamentos nos quais ocorre evolução dos envolvidos é o crescimento, decorrente de competição positiva e discussões que gerem evolução).

Ao se desenvolverem negociações que se enquadram na estratégia de cooperação, a característica primordial comportamental entre os envolvidos é a existência de confiança mútua. Caso contrário, a coexistência entre a necessidade de alto grau de relacionamento com alto grau de conflito não resiste ao tempo.

É oportuno dizer, sobre essa estratégia: "Não é possível que duas partes saiam ganhando numa negociação". Junqueira (2009) apresenta a seguinte visão a esse respeito:

> Esta é uma das maiores inverdades que temos encontrado. Em primeiro lugar vamos lembrar que há várias moedas envolvidas numa negociação, tais como dinheiro, status, consideração, prestígio etc.; pode-se não ganhar tanto dinheiro como a outra parte, mas o prestígio, status, também contam para o grau de satisfação. O ganha-ganha também está extremamente relacionado com a preocupação com os objetivos e necessidades do outro lado durante a negociação; quem tem este genuíno tipo de preocupação e transmite isto à outra parte, certamente contribuirá para uma solução de ganho comum. Por último, vale mencionar o item flexibilidade (disposição para mudar).

Esse raciocínio parece contribuir com um melhor entendimento dessa estratégia, porque vislumbra ganhos para ambas as partes, o que parece ser o enfoque mais importante da estratégia de cooperação.

Estratégia de indiferença

Essa estratégia se encontra no quadrante de "Baixa importância do relacionamento futuro" e "Baixo grau de conflito". Que estratégia seria essa, então, que não prevê manutenção de algum elo no futuro e está isenta de qualquer tipo de situação conflitante? Refere-se àquelas situações de comportamento de compra de itens de baixo valor, disponíveis em supermercados, lojas, nos quais a compra se dá automaticamente, sem que discutamos preço com algum outro negociador. Ou quando vamos ao cinema, utilizamos transporte público quando os preços e as características dos serviços já são previamente conhecidas.

Enquadram-se nessa modalidade ainda os negócios com o governo, como pagamento de impostos e taxas, situações existentes por disposição legal e que não permitem barganha ou discussão. Segundo Mello (2005, p. 19), "podemos considerar que, nesse quadrante, não se configura uma situação real de negociação, e que ele está na matriz apenas por coerência, mas existem casos em que alguma negociação pode acontecer". Casos como promoções em lojas de eletrônicos, quando são anunciados preços com descontos, é possível propor reduções ainda maiores, alterando a modalidade de pagamento para à vista ou comprando grandes quantidades. Porém, essas negociações geralmente não incluem relacionamento futuro e não apresentam grau de conflito. Na pior das hipóteses, se não houver adesão por parte da loja à proposta do cliente, o negócio não é fechado.

Estratégia de competição

Posiciona-se no quadrante em que se prevê "Alto grau de conflito a ser assumido" e "Baixa importância do relacionamento futuro". É bem ilustrativo revisar aqui exemplos anteriores ligados a questões pessoais. Observamos que na primeira das estratégias – a de relacionamentos – apresentamos como exemplo a situação de noivado, obviamente antecedido de namoro. Depois – na estratégia de cooperação – exemplificamos com a situação de casamento. Nessa estratégia – de competição – apresentamos como exemplo a situação de divórcio. Objetivamos com isso caracterizar com clareza cada uma delas. Alguns aspectos a destacar sobre essa estratégia:

- visa à obtenção de alta vantagem financeira;
- não há preocupação quanto à manutenção de relacionamento futuro;
- possivelmente ocorrerá negócio único com a outra parte;
- a característica de existência de alto grau de conflito não significa desavença – podemos interpretar a situação conflituosa como utilização de instrumentos de pressão, como oferta de outras condições melhores de preço de produto similar, localização melhorada de imóvel em negociação, detalhes de ofertas de bens substitutos, tudo isso com formato de "pressão" para obtenção de maiores ganhos.

Como exemplos de utilização da estratégia de competição, além do divórcio anteriormente citado, podemos citar:

- aquisição de veículo;
- compras de produtos de valor significativo em lojas;
- negociação de imóveis comerciais ou residenciais;
- demais aquisições em setores em que há muita competição e várias redes de lojas ofertando produtos similares.

E como devemos nos preparar para essa estratégia de negociação? Para obtermos maior nível de ganho possível, já que é o quadrante que prevê bons resultados independentemente da manutenção de relacionamento futuro, precisamos estar munidos de todos os argumentos possíveis. Se vamos argumentar ofertas que nos interessam na concorrência, devemos estar munidos de comprovantes. Se há informações estratégicas a respeito do processo, precisamos saber usá-las, o que não significa agir sem ética. Afinal, queremos fazer o melhor negócio possível.

Há muitos negociadores que comemoram festivamente, praticando essa estratégia e obtendo o resultado que buscavam. Perguntamos, entretanto, se depois de se afastarem da presença do outro negociador, este não estaria fazendo o mesmo? Precisamos ter consciência de que, se houve alguma suposta concessão da outra parte, devemos estar certos de que estava dentro da margem prevista por ela. Embora nesse caso possa parecer que não, houve uma situação de ganhos mútuos.

Vejamos agora o que diz McCormack (2005, p. 122-123), coerente com a estratégia de competição:

> Certas pessoas sempre circulam em torno de negócios pequenos. Se, numa escala de um a dez, dez representa um grande negócio nessa empresa, suas transações sempre ficarão entre três e quatro. Outras pessoas preferem lidar com grandes números, seus negócios ficam entre sete e oito e ocasionalmente alcançam o dez..[...] Pensar grande e depois realizar negócios ainda maiores se trata de uma questão de atitude. É uma questão de saber e acreditar que seu produto ou serviço vale esse preço e assim ultrapassar todos os bloqueios mentais que nos levam a pensar pequeno.

Embora essa estratégia possa parecer avassaladora perante os negociadores da outra parte, podemos abstrair do raciocínio citado que nem sempre se trata de agressividade, mas de credibilidade sobre a qualidade do que estamos transacionando. Pode significar a eliminação de bloqueios mentais.

A quinta estratégia

Mas não eram apenas quatro? Há algum engano na matriz dissecada até aqui? Mello (2005, p. 20) nos apresenta um quinto estilo. Ele não arrisca a colocá-lo entre as estratégias. Vejamos como ela nos é apresentada pelo autor:

> A negociação traiçoeira acontece quando um dos negociadores usa formas de negociação baseadas em truques sujos e em táticas ilegítimas e não éticas, com o objetivo de ganhar vantagens a qualquer custo. Esse tipo de negociação pode ser considerado como uma forma diferente de negociar, que não está incluída na matriz da estratégia.

E como lidar com essa situação? Existem várias alternativas:

- pode-se tolerá-la, prosseguir na negociação e se defender de forma a não assumir perdas, evitar negociar com essa pessoa no futuro;
- pode-se também reagir à altura, retribuindo com propostas ultrajantes, situação em que a negociação segue para rumos inflexíveis e dificilmente se chega a um acordo. Obviamente que essa situação ocorre propositadamente e objetiva não se chegar a um acordo;
- se o item negociado é muito importante e necessário, nessa situação pode-se negociar também a forma como a negociação ocorrerá, o que evitará que ocorram propostas descabidas num encontro próximo;
- outra alternativa é desmascarar a outra parte, alternativa difícil de praticar de forma não emocional. O ideal é agir friamente, de forma a demonstrar firmeza e perspicácia, o que levará a outra parte a evitar agir assim novamente com você. Irritar-se e atacar a outra parte poderá ser considerado também atitude anormal e fatalmente levará a posicionamentos inadequados para ambas as partes.

Trata-se, portanto, de uma forma inadequada de negociar. O ideal é transformá-la em uma das quatro estratégias, caso haja interesse em prosseguir na negociação.

(.) Ponto final

Continuamos seguindo na questão dos interesses. Neste capítulo, estivemos concentrados novamente neles. Analisamos estratégias cujas preocupações eram o nível de importância do relacionamento futuro em contrapartida com o nível de conflito que se deseja assumir. Qualquer que seja a alternativa em termos de intensidade de conflito pela qual optarmos numa negociação, tal escolha vai fatalmente afetar os níveis de relacionamento futuro.

Novamente devemos destacar que não há fórmula mágica. Tampouco a escolha dos níveis citados depende de decisão unilateral. Porém, quando nos preparamos para negociar qualquer coisa, faz muita diferença conhecermos essas estratégias e termos objetivos claros, perseguindo-os sempre.

Atividades

Para responder às questões deste capítulo, leia atentamente o texto a seguir:

Negociação de um imóvel

Você é o corretor de um cliente que deseja comprar determinada casa. Ele é um executivo que, no futuro, deverá se incumbir de transferir pessoas de sua empresa para residir na mesma região. Portanto, se você satisfizer às necessidades de seu cliente, ele poderá lhe trazer muitos bons negócios. A mulher desse executivo gostou da casa, especialmente do lustre antigo da sala de jantar, e o filho quer a bicicleta que está guardada na garagem.

As casas nessa área, de características semelhantes, estão sendo vendidas entre R$ 800 mil e R$ 1 milhão, embora no momento o mercado esteja desaquecido devido à crise mundial que se desenrola atualmente. O seu cliente soube, por meios confidenciais, que o atual proprietário, ao comprar a casa, pagou R$ 600 mil e gastou R$ 50 mil em reformas.

Seu cliente dispõe de uma verba de mudança que ainda é válida por 20 dias. Portanto, ele está ansioso para fechar negócio rapidamente, no máximo dentro de quatro ou cinco dias, pois precisará de 15 dias para reformar e mobiliar a casa para sua família. O comprador está preocupado com o estado de conservação das instalações elétricas e gostaria de receber algum tipo de garantia. Seu cliente lhe deu autorização para efetuar a compra por até R$ 900 mil.

1. A informação "Ele é um executivo que, no futuro, deverá se incumbir de transferir pessoas de sua firma para residir na mesma região" sugere que você, como corretor incumbido da compra, escolha qual estratégia de negociação?
   a. Traiçoeira.
   b. Cooperação.
   c. Relacionamentos.
   d. Indiferença.
   e. Competição.

2. Você optou por fechar o negócio rapidamente devido ao prazo curto que o empresário lhe concedeu porque queria aproveitar a verba de mudança e acertou com o proprietário pelo preço inicial sem muito ter se preocupado com o estado de conservação e sem ter incluído o lustre da sala no negócio. Nesse caso, como fica o relacionamento futuro entre você e o seu cliente? E o nível de conflito?

   a. Relacionamento normal, pois a pressa era dele, e nenhum conflito.
   b. Seu cliente, ao residir na casa, relacionar-se-á com os vizinhos e saberá que poderia ter feito melhor negócio, então o nível de relacionamento ficará prejudicado e o nível de conflito também.
   c. Você realizará muitos negócios para ele porque fez uma negociação baseada na estratégia de relacionamentos.
   d. Você optou pela estratégia de competição porque identificou a oportunidade de ganho de corretagem rapidamente.
   e. Nenhuma das alternativas anteriores.

3. Observe as seguintes informações deste caso: "A mulher desse executivo gostou da casa, especialmente do lustre antigo da sala de jantar, e o filho quer a bicicleta que está guardada na garagem". Nem a esposa do proprietário nem o filho estão dispostos, sob pretexto algum, a abrir mão do lustre e da bicicleta, pelo valor afetivo envolvido. Você fechou negócio sem consultar o comprador sobre esses itens, sem adquiri-los e pelo preço máximo proposto. Além disso, concedeu prazo de 60 dias para desocupação do imóvel. O relacionamento com o seu cliente será:

   a. cooperativo.
   b. competitivo.
   c. de indiferença.
   d. bom relacionamento.
   e. Nenhuma das respostas anteriores.

4. Negócios imobiliários classificam-se, na maioria dos casos, na visão do cliente classe média, como estratégia:

   a. traiçoeira.
   b. de indiferença.
   c. de relacionamento.
   d. de cooperação.
   e. de competição.

5. Nesse caso, qual a estratégia que visaria ao fechamento de um bom negócio, com visão de longo prazo, satisfazendo às partes?
   a. Comprar a casa com o lustre e com a bicicleta por R$ 900 mil – nesse caso, essa negociação seria definida como "de relacionamento".
   b. Fechar em boas condições de preço e de compromisso pelo proprietário quanto aos consertos, entrega do lustre e da bicicleta, exigindo o dobro do valor da corretagem – traiçoeira.
   c. Fechar negócio nas condições do vendedor – indiferença.
   d. Comprar a casa por R$ 800 mil, com imediata desocupação com contrato que prevê a responsabilidade do vendedor quanto aos consertos – seria estratégia de cooperação.
   e. Não há qualquer alternativa, entre as apresentadas, considerada como bom negócio.

(4)

Estilos de negociação

Jorge Alexandre Vanin

Iniciamos analisando os cenários e os fundamentos considerados decisivos para modalidades significativas de negociações, os quais envolvem aspectos financeiros e eventos futuros. Em seguida, estudaremos níveis de negociação com base em interesses que, muitas vezes, podem nos levar a decidir por fechar uma negociação mesmo com reconhecida perda, dependendo do que está em jogo. Na sequência, trataremos das estratégias de negociação, observando que tudo depende dos interesses envolvidos que variam de acordo com a longevidade do relacionamento pretendido.

Como vimos, iniciamos do geral e vamos cada vez mais para o específico. Agora, é hora de tratar dos estilos. Esse assunto se relaciona ao jeito de ser de cada envolvido na negociação. E esse jeito continua vinculado ao que está em jogo – os interesses – e o tempo que queremos manter esse relacionamento negocial.

Nessa etapa, estudamos também as características do negociador – as recomendadas e as que devem ser evitadas.

(4.1) Escolha do negociador

Para começar, vejamos o que nos diz McCormack (2005, p. 145):

> *Imagino quantas negociações, dia a dia e em qualquer empresa, nunca se completam porque vendedor e comprador chegam a um impasse e não sabem como sair dele. Imagine quantos negócios são perdidos porque, com posições teimosas e egos empacados, os combatentes não têm habilidade suficiente para encontrar uma tática de salvar a cara e que os faria se mover, um na direção do outro. Creio que o número de negócios perdidos assustaria muitos chefes.*

Impasses, táticas e atitudes, às vezes, não éticas. Quando não se depende de estratégia, a influência do estilo negocial é determinante nas discussões. Quando se trata de negócios empresariais de grandes corporações, obviamente para cada situação há profissionais de diversos estilos, e os preparativos a qualquer processo de negociação devem ser precedidos da escolha do negociador certo para o tipo de encontro que vai se realizar.

De forma genérica, com base na matriz de estratégia do capítulo anterior, podemos classificar os negociadores em dois grandes grupos, segundo Mello (2005): os competitivos e os cooperativos. Podemos deduzir que o primeiro grupo é o dos que praticam estratégias agressivas e são focados em resultados; concluímos que atuam agressivamente. O segundo grupo é mais focado numa negociação conciliadora, no estilo que visa a relacionamentos no longo prazo.

Tanto o estilo competitivo quanto o cooperativo podem perder boas oportunidades de ganhos futuros: os competitivos porque enxergam os relacionamentos negociais e tendem a negociar de forma competitiva sempre, mesmo diante de negociadores cooperativos, perdendo, dessa forma, boas oportunidades de maiores ganhos e porque sequer consideram possibilidades de relacionamentos negociais duradouros. Os cooperativos, por outro lado, muitas vezes são sobrepujados pelo estilo competitivo da outra parte, por seu estilo aberto e franco, sem considerar a forma de negociar competitiva. Nesse caso, ambos os estilos geram maus resultados e devem ser evitados. O correto é utilizar o negociador no estilo certo para cada situação. Podemos concluir, então, que não há estilo-padrão e que cada situação requer posicionamento diferenciado.

(4.2) Características de um bom negociador

Com base em Andrade et al. (2004), apresentamos aspectos que constituem os estilos do negociador, considerados fundamentais no processo negocial. São eles:

- RESOLVE CONFLITOS – Um negociador com boa estrutura psicológica está preparado para solucionar conflitos, mesmo em negociações competitivas, porque sabe que eles são fonte de diferenças e impedem que determinadas negociações obtenham resultado.
- APRESENTA COMUNICAÇÃO NATURAL – Esse aspecto denota preparo, autenticidade e segurança, tanto para a defesa da sua ideia quanto para a outra parte. Tal característica só é possível quando há profundo conhecimento da causa em discussão.
- É PLANEJADOR – Prepara-se muito bem, buscando informações tanto sobre o assunto a ser tratado quanto sobre a outra parte, conhecendo assim os seus estilos, o que lhe gerará uma posição mais confortável.
- NEGOCIA POR PRINCÍPIOS – Esse posicionamento passa um sentido ético às partes envolvidas, gerando confiança.
- SABE OUVIR – Pode parecer típico de negociações cooperativas, porém essa característica é sumamente importante também nas negociações competitivas, porque o negociador pode colher informações preciosas que podem beneficiá-lo e fortalecê-lo no processo.
- CONCILIA POSIÇÕES E INTERESSES – O negociador que consegue fazer uma leitura do que acontece pode facilitar a condução do processo. Essa característica proporciona posições criativas que, não raramente, auxiliam na solução de impasses, criando possibilidades de ganhos mútuos.
- APRESENTA FLEXIBILIDADE E CRIATIVIDADE – Proporciona a eliminação de impasses porque pessoas com essas características visualizam alternativas em situações de difícil solução.
- TEM COMPROMISSO – Característica fundamental, porque durante a condução de um processo de negociação pessoas comprometidas não apresentam alternativas de difícil cumprimento, visto que têm o posicionamento firme de cumprir o que foi acordado.
- PREOCUPA-SE COM A SATISFAÇÃO – O bom negociador preocupa-se com a satisfação, tanto da pessoa que representa quanto da outra parte.
- É ÉTICO – Está sempre presente em qualquer estilo de negociação. Não passa pela cabeça de uma pessoa ética conduzir negociações traiçoeiras.
- COLOCA-SE NO LUGAR DO OUTRO – É importante registrar que é muito difícil encontrar em um negociador todas essas características desenvolvidas em

alto nível, pois estamos tratando de pessoas em situações profissionais. Cada um de nós tem sua formação e dela decorrem comportamentos e atitudes. Porém, quanto mais desenvolvida for cada uma das características citadas, maior capacidade o negociador terá de desenvolver processos negociais com maior nível de sucesso.

(4.3) Opções de ganhos mútuos

Vejamos o que dizem Fisher et al. (2005, p. 76) sobre essa questão:

> Na maioria das negociações, há quatro obstáculos fundamentais que inibem a invenção de uma multiplicidade de opções: (1) o julgamento prematuro; (2) a busca de uma resposta única; (3) a pressuposição de um bolo fixo; e (4) pensar que "resolver o problema deles é problema deles". Para superar essas limitações, é preciso compreendê-las.

Inicialmente, para encontrar alternativas para as situações que mostramos a seguir, é importante levar em conta as características citadas neste capítulo. Sendo o negociador possuidor das características citadas anteriormente, o entendimento e a solução dessas questões se torna mais evidente. Mas que questões são essas? Vamos analisá-las a seguir.

- JULGAMENTO PREMATURO – Posicionamento do negociador de que tem necessidade de apresentar soluções rápidas, imediatas, sem aprofundar a discussão. Decisões tomadas às pressas, sem a competente discussão nem troca de ideias e experiências perdem a riqueza da contribuição dos demais e geralmente, após serem aceitas, ao iniciarem sua implementação surgem os "senões" e as evidências de que aquele assunto poderia ter sido mais bem encaminhado. É importante citar aqui a visão da racionalidade limitada de Simon (1964) que, ao estudar o comportamento das pessoas quanto à tomada de decisão nas organizações, parte do princípio lógico de que qualquer pessoa que detenha conhecimento sobre algum assunto, por mais profundo que ele seja, jamais o terá completamente. Se agruparmos uma segunda pessoa para estudar a mesma questão, certamente a discussão trará à luz mais informações. E assim sucessivamente, quando se agregam mais e mais pessoas. Mesmo assim, segundo a teoria do referido autor, jamais se saberá tudo a respeito. Essa é a visão da razão do crescimento da ciência. Podemos trazer então a "racionalidade limitada" para a mesa de negociação e, antes de tomarmos decisões prematuras, devemos abrir a discussão, tanto quanto possível. E, para que isso ocorra, é necessário que as pessoas envolvidas na negociação apresentem pelo menos as seguintes características, entre as citadas na Seção 4.2: saibam ouvir, tenham criatividade e flexibilidade, conciliem posições e interesses e preocupem-se com a satisfação.

- BUSCA POR UMA RESPOSTA ÚNICA – Fisher et al. (2005, p. 77-78) apresentam o seguinte aspecto para reflexão que contribui para a busca de opções de ganhos múltiplos: "Já estamos tendo dificuldades suficientes em chegar a um acordo tal como as coisas estão. A última coisa de que precisamos é uma profusão de ideias diferentes". Se persistir a ideia de que o resultado de uma negociação é uma resposta única, fica o temor de que a apresentação de outras ideias possa causar entraves ao processo. Assim, perde-se a possibilidade de identificação de alternativas que poderiam enriquecer a solução do assunto tratado. Para que tal posicionamento seja possível, as seguintes características são importantes aos negociadores: comunicação natural, flexibilidade e criatividade, aptidão para resolver conflitos e preocupação com a satisfação.
- A PRESSUPOSIÇÃO DE UM BOLO FIXO – É a visão restrita de que, se uma das partes abrir mão de um pedaço do valor em favor da outra, esta estará ganhando e eu estarei perdendo exatamente aquele valor. Mas, na verdade, quase nunca é assim. Primeiro, se tal concessão for determinante para que o negócio seja realizado, ela significou a diferença entre ter havido acordo ou não. Para que não persista essa situação de perda, é necessária a ampliação dos horizontes e que surjam na mesa de negociação os demais benefícios para fechamento do negócio. Um exemplo clássico é o fechamento de negócio de um automóvel em uma concessionária: a partir do momento em que o veículo foi colocado em circulação, haverá outros negócios como revisão, venda de peças de reposição, fidelidade à marca para negócios futuros, venda da apólice de seguros, entre outras possibilidades de ganhos. Nesse tipo de situação, flexibilidade e criatividade são características importantes para que se abram as alternativas no campo da negociação.
- PENSAR QUE "RESOLVER O PROBLEMA DELES É PROBLEMA DELES" – Essa é uma posição de poder, quando um dos negociadores se acha em situação de vantagem, interrompendo o diálogo. Uma negociação apresenta resultado satisfatório quando a solução inclui benefícios a todos os envolvidos. Lembremo-nos da questão dos interesses. Se forem unilaterais, certamente o relacionamento futuro estará comprometido. Obviamente cabe lembrar, nesse momento, se o processo é competitivo ou cooperativo. Aqui é fundamental "preocupar-se com a satisfação". Não podemos nos esquecer, entretanto, de que se negocia para obter vantagens, porém deve-se buscar a conciliação de interesses procurando essas vantagens para todas as partes envolvidas.

Fisher et al. (2005, p. 79) resume assim os caminhos para a busca de ganhos mútuos: "Para inventar soluções criativas, portanto, você precisa: 1) separar o ato de inventar opções do ato de julgá-las; 2) ampliar as opções sobre a mesa, em vez de buscar uma resposta única; 3) buscar benefícios mútuos; e 4) inventar meios de facilitar as decisões do outro".

Esses procedimentos podem ser conduzidos de várias formas, desde que haja diálogo aberto e franco entre as partes, mas algumas técnicas são importantes. Quando, por exemplo, ocorre a abertura para sugestão de alternativas, deve-se evitar julgá-las imediatamente: é necessário que haja um tempo apenas de apresentação porque, se cada uma que surgir for imediatamente julgada, fatalmente inibirá a aparição de outras, principalmente se houver no grupo alguém com grande rigor crítico. Resumidamente, significa "separar as invenções das decisões".

Para que ocorra um processo de sugestões com liberdade, é importante ter objetivos claros, escolher as pessoas certas para participar, o ambiente deve ser propício com atmosfera descontraída e com alguma organização (não tão rigorosa para não inibir a criatividade). Deve também existir um facilitador que incentive a apresentação de alternativas.

Com base nessas condições, a apresentação de sugestões deve ser conduzida com pessoas dispostas lado a lado, e não em posição de confronto, com a clareza de que é o momento de apresentar alternativas, com ausência de crítica. Todas as ideias devem ser anotadas em local visível, procedimento que favorece a criatividade. Depois dessa etapa, deve-se partir, em comum acordo e com a concordância de todos de que não há mais o que anotar, para a escolha e o aperfeiçoamento das ideias mais promissoras. É o momento da discussão e da crítica, o qual deve ter um prazo estabelecido.

Aqui devem estar presentes comportamentos como: observar através dos olhos de diferentes especialistas, propor acordos hipotéticos e alternativas variadas, demonstrar ganhos possíveis da outra parte dos quais pode não ter se dado conta, identificar interesses comuns que muitas vezes estão latentes, porém não tão evidentes.

(4.4) Percepções

O que percebemos é comumente percebido por todos? Se respondermos afirmativamente, estamos eliminando a diversidade, as diferenças de pontos de vista, o olhar que cada um tem sobre qualquer questão observada a partir dos seus filtros resultantes de toda a formação adquirida ao longo da nossa vida.

Bittencourt (2009) trata desse enfoque com vários exemplos, sendo um deles a evolução da ciência na administração, quando uma teoria é suplantada por inovação, que agregam novas variáveis. Segundo ele:

> *A percepção é a primeira etapa em um processo de mudanças. A percepção, em um indivíduo, pode ser impactada quando três dimensões são afetadas:*
> - *A dimensão valorativa, onde situam-se valores, crenças, ideologias;*
> - *A dimensão cognitiva, onde permeiam informações, conhecimentos;*
> - *A dimensão afetiva, na qual competem necessidades, demandas, expectativas;*

Para mudar a percepção, é necessário interferir nesse processo, oferecendo algo novo, o que autor chama de uma *nova ótica*, e demonstrando sua eficácia de tal forma que possibilite ao interlocutor refletir sobre o novo e aceitá-lo ou não. Aqui estará trabalhando a dimensão valorativa.

Deve-se fornecer novas informações, antes fora do alcance do interlocutor. Isso fará com que sua percepção seja impactada e o faça refletir a respeito, porque vai passar a ter alternativas. Esse é o aspecto que trabalha a dimensão cognitiva, já que são agregadas novas informações.

Por último, para a dimensão afetiva, é interessante trabalhar objetivos, metas antes não atingidas e agora possíveis.

Alterar a percepção é modificar a forma como o interlocutor enxerga o objeto da negociação e as suas variáveis. Mas não nos esqueçamos de que, ao mesmo tempo em que estamos trabalhando a percepção das partes envolvidas, elas estão fazendo o mesmo conosco. Por isso, negociar é tratar de interesses ao longo do tempo, e cada processo deve ser conduzido com a devida atenção, o que não significa estar tenso o tempo todo. A tensão pode bloquear a percepção e a criatividade.

(.) Ponto final

Entramos na questão comportamental e psicológica da negociação. Se nos capítulos anteriores não havia fórmula ou padrão em uma negociação, agora as chances de que existam comportamentos em formato padrão diminuem ainda mais. Buscamos identificar estilos e sua adequação em situações diversas, com o objetivo de preparar o negociador quanto a aspectos comportamentais que ele possa desenvolver na prática e como se comportar diante de situações que ele possa encontrar no dia a dia da sua atividade.

Posteriormente, e com base nas características do bom negociador, falamos do tema dos ganhos mútuos e dos seus obstáculos, com algumas alternativas e características necessárias ao bom negociador para suplantar tais obstáculos.

Surge, entretanto, um tema importante e também de grande diversidade: a questão da percepção. É de suma importância sua abordagem, considerando que, muitas vezes, não só em negociação, mas nos relacionamentos corriqueiros, cada um de nós atribui nosso enfoque sobre qualquer objeto ou situação, resultado da nossa formação. Em negociação é fundamental trabalhar a percepção do outro sobre o que se discute, conforme tratamos no último tópico.

Atividades

1. A escolha do negociador:
   a. é indiferente e não determinante.
   b. decorre da disponibilidade na hora da negociação.
   c. depende da vontade do chefe.
   d. é algo simples e se deve optar pelo que estiver mais motivado.
   e. é fundamental e se deve escolher a pessoa com as características certas para a negociação que vai desenvolver.

2. Segundo este capítulo, os negociadores podem ser divididos em dois grandes grupos: os competitivos e os cooperativos. Sobre eles, podemos afirmar:
   a. É necessário considerar e desenvolver as características do bom negociador, pertencendo ele a qualquer um dos dois grupos.
   b. O negociador competitivo deve ser agressivo, e não precisa se preocupar com as características do bom negociador.
   c. O negociador cooperativo precisa ter algumas delas porque ele é, por natureza, dócil e facilitador nas negociações.
   d. Uma das características do bom negociador é ser instrumental meramente didático.
   e. Nenhuma das alternativas anteriores está correta.

3. Tratar a negociação como uma busca de ganhos mútuos depende:
   a. do tipo de negociação, se é competitiva ou cooperativa.
   b. de superar os impasses, mas dificilmente eles surgem.
   c. de evitar julgamento prematuro, de evitar a busca por resposta única, evitar a pressuposição de um bolo único e pensar que resolver o problema deles é problema deles.

d. de mera percepção porque toda negociação pressupõe isso.

e. somente do negociador, se é cooperativo, porque numa negociação competitiva é impossível obter ganhos mútuos.

4. A questão da percepção em negociação é:
   a. o ato de perceber o movimento da outra parte.
   b. a possibilidade que cada negociador tem de perceber as intenções da outra parte.
   c. o percebimento do que está acontecendo, mesmo que superficialmente.
   d. o início do processo de mudança e envolve a forma como percebemos e como somos percebidos, bem como o objeto da negociação, do qual depende um melhor encaminhamento no processo.
   e. Nenhuma dessas alternativas completa a sentença inicial.

5. São três as dimensões a serem acionadas com a intenção de mudar as percepções em uma negociação, segundo Bittencourt. São elas:
   a. cognitiva, avaliativa e burocrática.
   b. valorativa, cognitiva e afetiva.
   c. juízo de valor, conhecimento e emocional.
   d. ativa, passiva e patrimonial.
   e. condução inicial, do processo e conclusão.

(5)

Etapas de uma negociação

Jorge Alexandre Vanin

Um processo de negociação tem início muito antes de nos encontrarmos com as partes interessadas. É um processo que começa com a conjugação de dois fatores: o primeiro é a privação de algo que tem um nível de importância para mim, minha empresa ou para alguém muito próximo a mim; e o segundo é o desejo ou a necessidade de suprir essa privação. A conjugação desses dois fatores – que podem ser mais ou ser menos impulsivos psicologicamente, dependendo sobre o que estamos tratando – faz com que se inicie no íntimo do indivíduo um processo de tomada de decisão. Essa ação bifurca-se em duas alternativas extremamente opostas: avaliar toda a situação quanto às possibilidades de decidir e a impossibilidade de fazê-lo. Para decidir querer dispor ou não do item desejado, também é necessária uma ampla avaliação mental. Feita tal avaliação e tomada a decisão por não seguir adiante, o processo é abortado aqui. Porém, a decisão de ir adiante envolve aspectos pessoais, como gosto, estilo de vida, disponibilidade financeira, de crédito, de assumirmos dívidas, disposição psicológica para desenvolver um relacionamento e todas as variáveis que decorrem dessa decisão.

O nosso dia a dia é repleto de processos dessa natureza, que envolvem um nível de tensão com a dimensão da importância do item envolvido. Quando se trata de compra rotineira, como uma compra de supermercado de itens de consumo, a qual está dentro do nosso orçamento financeiro, sequer observamos que passamos por todos esses procedimentos. Mas há processos também pequenos, como a aquisição de peças do vestuário, o que nos faz raciocinar um pouco mais, pois envolve marca, modelo, qualidade, imagem, preço, crédito, entre outros aspectos.

Tudo o que tratamos até aqui ainda está no campo da tomada de decisão, que é anterior ao embate da negociação propriamente dita. Quantas etapas existem até a tomada da decisão de obter algo? Essa discussão é interna e já apresenta certo grau de complexidade, ainda sob meu controle, pois ela é individual. Imaginemos então que, a partir da decisão tomada, quando estivermos colocando outras pessoas no processo, qual será o grau de complexidade adicional.

Objetivando reduzir o nível de tensão, devemos estruturar o processo negocial de forma a conduzi-lo racionalmente, sem surpresas, para que a decisão final seja a mais adequada. Atuando racionalmente, o nível de criatividade melhora, a comunicação flui, ficamos mais abertos às ideias dos envolvidos, com grandes possibilidades de obter melhores resultados.

Portanto, o planejamento de um processo de negociação é o que abordaremos nesta etapa.

(5.1) Estruturação

Para contextualizar a importância do planejamento, vamos iniciar com um exemplo apresentado por Mello (2005, p. 66):

> Você está tentado "abrir" um novo cliente e, depois de algum esforço, conseguiu agendar uma visita. Chegando lá, preocupado em "mostrar serviço" (afinal, não foi nada fácil marcar essa visita), você vai direto ao assunto e apresenta imediatamente sua proposta para discussão. É uma boa proposta, a negociação se inicia, vocês trocam concessões e o negócio é fechado rapidamente. Você fica feliz com o resultado da negociação, e nem percebe que acaba de cometer um erro grave. Você pode imaginar que erro foi esse?

Apesar de ter alcançado seu objetivo e fechado o negócio, você cometeu o erro de ir direto ao assunto, ou de ir direto para a fase de barganha de concessões. Agindo assim, você não se deu tempo para conhecer melhor as necessidades e possibilidades do outro negociador, de estabelecer com ele um vínculo de confiança e de se mostrar ao outro negociador como ser humano.

Além disso, pode ter frustrado toda uma expectativa da outra parte que talvez tenha sido planejada para iniciar um processo duradouro de negócios. Do mesmo modo, ele esperava também ouvir mais sobre seu negócio, sua estrutura, produto, tecnologia, adquirir confiança e "amarrar" novas operações.

"Mas, apesar de tudo, você fechou o negócio e ganhou tempo; vamos ser práticos". Se essa era a sua expectativa e a da outra parte envolvida, foi perfeito. Imaginemos, entretanto, que não tenha sido: de um lado, a sua ansiedade, depois de tantas tentativas o fez agir rápido. Porém, o comprador estava com um projeto de troca do seu principal fornecedor e era o momento em que ele estava explorando o mercado e a sua empresa era uma das pré-selecionadas para ser sua parceira a longo prazo. Ele se preparou, fez pesquisas quanto à sua idoneidade e ao seu produto e era o momento em que poderia encontrar a solução do problema dele. Certamente, como ele havia se preparado tanto, apesar de ele encontrar um interlocutor apressado, reteve-o e apresentou todas as perguntas e objeções que havia preparado. Foi nesse momento que ocorreu a pior parte, porque você não estava preparado e não tinha respostas oportunas para lhe apresentar. Como resultado, algumas situações podem surgir a partir daí: problemas de imagem, de despreparo, de desorganização podem passar para o possível grande e futuro cliente. E o tempo que você pensou ter ganhado reverteu-se, no mínimo, em perda, pois você terá de marcar um novo encontro para trazer as informações requeridas. Isso se ele ainda estiver interessado em continuar o relacionamento.

A situação hipotética denota a necessidade de planejamento. Podemos pecar por excesso, mas não por ausência de planejamento. A figura a seguir, do mesmo autor, apresenta uma estrutura de um processo de negociação, que iremos detalhar.

Observando o modelo apresentado e revendo o exemplo mostrado, nosso negociador praticamente foi direto para a penúltima etapa, resultado da sua falta de preparação e da sua tensão, processos psicológicos acumulados em período longo de expectativas frustradas de fazer aquele negócio. É possível evitar tudo isso por meio de um processo estruturado, como mostraremos a seguir.

Figura 5.1 – As seis etapas

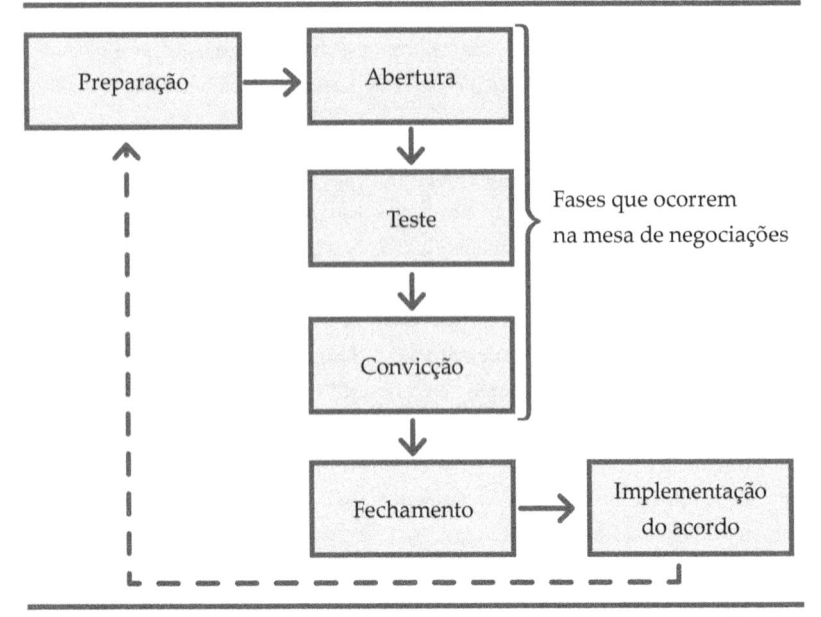

```
Preparação → Abertura  ⎫
                ↓      ⎪
              Teste    ⎬ Fases que ocorrem
                ↓      ⎪ na mesa de negociações
            Convicção  ⎪
                ↓      ⎭
           Fechamento → Implementação
                        do acordo
```

FONTE: MELLO, 2005.

Etapa 1 – *Preparação*

Como demonstrado na Figura 5.1, essa etapa acontece previamente ao encontro no qual se desenrolará a negociação propriamente dita. Cabe salientar primeiramente que todas as etapas são importantes e é bom ter em mente que cada uma serve de estrutura à outra. Porém, se tivermos de atribuir maior nível de importância a alguma delas, será para a etapa de preparação, sem dúvida. Apenas para melhor identificar, alguns autores a chamam de *etapa de planejamento*.

Diversas e repetidas vezes ouvimos a seguinte afirmativa: "Informação é poder", como já comentamos no primeiro capítulo. Nessa etapa, dependendo do nível das informações com que nos preparamos, estaremos fortalecidos ou vulneráveis. Cabe aqui levantar todas as informações possíveis e de todos os lados: as necessidades do cliente, seu histórico, sua forma de atuação e organização, enfim tudo que se possa utilizar e que agregue no processo negocial. Referimo-nos aqui a aspectos externos, ligados a outra parte. Nessa etapa, há o risco de escapar algum detalhe, por serem externos e fugirem à nossa gestão.

Faz parte da preparação ainda a definição de objetivos, de valores e da margem de barganha. Nesse momento estabelecemos a estratégia a ser praticada sob todos os aspectos, considerando inclusive o nível de relacionamento que se quer ter, se de curto ou longo prazo. Condições internas, como nível de produção, prazos de entrega e qualidade do produto a ser oferecido são aspectos importantíssimos, que vão possibilitar entregar o que foi negociado nas condições de prazo e nas especificações ajustadas. Estamos nos preocupando com todos os aspectos internos possíveis. E esses de menor complexidade são administrados por nós.

Em contraponto, Mallmann (2009, p. 1) preocupa-se com o tempo necessário de preparação, aspecto a ser considerado, dependendo do que está em jogo. O que queremos esclarecer com essa posição é que, quanto maiores os interesses em jogo, melhor deve ser a preparação.

> *Diversas vezes após participarem de um curso pessoas têm comentado: gostei muito do método, mas pela quantidade enorme de itens que administro se for preparar como o recomendado nunca sobrará tempo para comprar. É claro que se formos aplicar todo o processo de negociação para todos os itens comprados não teremos mesmo tempo. Então é necessário que se procure outra solução.*

Alguns cuidados nessa etapa não devem ser esquecidos: retrospectiva de negociações anteriores, aspectos positivos dessas rodadas, pendências em andamento e fase em que se encontram, pois podem gerar objeções se forem exploradas como instrumento de pressão para obter vantagens. As razões mais comuns que proporcionam essas objeções são: falta de confiança, informações insuficientes, prioridades diferentes, opinião pública negativa, experiências desfavoráveis, entre outras. Por isso, é importante pensar em argumentos para serem utilizados na mesa de negociação.

Abertura

Chegou o momento do encontro para discussão. No planejamento foram considerados aspectos do perfil do negociador, recaindo a escolha sobre o profissional mais adequado e o cumprimento do horário da reunião. Nesse caso, consideramos tudo, até a localização e as dificuldades do trânsito para não haver atraso, a forma de abordagem na abertura, se a outra parte negocia em grupo ou individualmente, situação que devemos replicar.

Agora é hora de colocar em prática o planejado. Se já conhecemos o interlocutor, essa etapa já começa um pouco adiante, porque o nível de tensão é menor. No primeiro contato, entretanto, essa tensão tende a ser maior. Isso ocorre naturalmente porque, apesar de todo o planejamento, nenhum negociador presente tem certeza da intenção e das táticas do outro. Dedicar a devida atenção e cortesia são a melhor postura para causar uma boa impressão inicial.

É o momento de estabelecer confiança através de uma conversa franca e da troca de informações. Lembre que a conversa inicial deve ser sincera e confiável. Se houver algum tipo de rispidez ou agressividade da outra parte, a etapa de planejamento deve ter previsto: você deverá estar preparado para quebrá-la.

A melhor técnica de quebrar esse tipo de comportamento é preparar algum assunto de interesse comum, fora do tema da negociação. Essa postura certamente trará descontração à mesa. Lembre que ainda não é o momento de apresentar a proposta objeto da reunião. Apenas deve ficar clara a disposição de bem encaminhar o assunto em questão.

Em qualquer etapa, a percepção da disponibilidade de tempo deve ser identificada, principalmente quando o assunto é totalmente do seu interesse. Por outro lado, isso pode ser uma tática para obter vantagens. É preciso saber navegar nessa questão, preocupação que deve existir ainda na etapa de planejamento, quando o posicionamento deve surgir e quando devemos nos preparar para essa situação.

Como essa é a fase de administração das tensões, vejamos o que nos diz Junqueira (2009, p. 2):

> *Quando entramos numa negociação hoje, a tendência natural é acharmos que a pressão maior (para comprar ou vender) é nossa. Nada mais perigoso, pois se a outra parte está na sua frente para negociar, ela também tem as suas pressões. Procure identificar estas pressões, o grau de necessidade de seu produto serviço (ou dinheiro) e só depois disso apresente propostas e faça concessões.*

Teste

Teste ou *exploração*, como denominam alguns autores. Podemos deduzir que, nessa etapa da conversa, os "atores" já estão mais à vontade, já que na fase anterior as tensões foram minimizadas. Agora é hora de partir para o assunto que originou o encontro. Nessa etapa, a conversa deve trazer à tona necessidades, expectativas e motivações da outra parte, situação que possibilitará que na próxima etapa se apresentem soluções que atendam aos interesses do outro negociador.

Um bom procedimento aqui é incentivar a outra parte a falar. Quanto mais se ouvir, maior será a quantidade de informações que poderão ser aproveitadas. E, quanto menos avaliativos formos, menor será a possibilidade de surgirem divergências. A estratégia, nesse momento, é fazer muitas perguntas, dar algumas informações e mostrar os benefícios da sua proposta.

Quanto ao comportamento nessa etapa, o texto a seguir, de Mello (2005, p. 69), é bem esclarecedor:

Alguns negociadores pouco experientes utilizam, nesta fase, argumentos do tipo: "não estou interessado em comprar (ou vender)", com o objetivo de ganhar poder e indicar ao outro que somente concessões significativas os farão fechar o negócio, já que não precisam dele. Isso, quase sempre, é um blefe; somente negociadores pouco experientes o "engolem", já que, se não existe interesse no negócio, qual a razão de estarem ali? Existe uma forma melhor de ganhar poder com argumentação semelhante: deixe claro o interesse em fechar o negócio, sem mostrar quanto está disposto a pagar por isso. Dessa forma, o outro não perceberá que sua atitude é um blefe e você ganhará poder.

É preciso encontrar aqui pontos comuns entre as suas ideias e a do outro negociador. É comum surgirem diferenças, mas sempre haverá pontos comuns. Valorizá-los vai aproximar as partes de um acordo na etapa seguinte, porque tais interesses tendem a criar uma disposição favorável para negociar, facilitando a discussão de eventuais interesses conflitantes.

No fim dessa etapa, serão descobertos muitos pontos comuns, favoráveis a concordâncias. Deve-se observar se o outro negociador tem algum interesse pela ideia, caso contrário as possibilidades de fechamento se reduzem.

Convicção

Prévia ao fechamento, também é chamada de *clarificação*. No processo de negociação propriamente dito, essa é a fase mais tensa. Por isso, o controle emocional é fundamental. É a fase de obter concessões e também de concedê-las. Estas também têm de ter a medida certa, para evitar interpretações que sugiram que há mais margens para baixar preços ou receber vantagens.

É hora de argumentar e de confirmar suas informações por meio de relatórios ou de documentos. Nessa etapa a criatividade também é importante para encontrar alternativas e conquistar resultados. Corremos o risco aqui de alterar a proposta de tal maneira que passe a não ser mais interessante para uma das partes. Portanto, a tensão já citada deve ser administrada, sob pena de se fecharem negócios que sejam inadequados para uma ou ambas as partes.

Por isso é importante um momento para fazer uma revisão das condições que estão praticamente fechadas. Isso é chamado de *clarificação*. Isso porque a discussão desenvolvida até aqui alterou as bases do que estava sendo negociado inicialmente ou para que não subsistam dúvidas sobre os detalhes da negociação. Na prática, as partes fazem uma pausa nas discussões para esclarecer os detalhes do negócio que está por ser fechado e sobre suas condições. O correto é que essa parada seja de iniciativa do proponente que, ao final da revisão, fará perguntas como: "Algo que eu disse não ficou suficientemente claro?"; "Estamos de acordo com os novos pontos-chave?"; "Podemos então fechar o acordo nessas novas bases?"; "Quais os riscos envolvidos a partir destas alterações?". Pode ser que não restem dúvidas, mas a tensão do momento talvez leve a um silêncio que pode denunciar desconforto. Cabe ainda insistir e abrir mais espaço para esclarecimentos, criando condições para o diálogo.

Esse procedimento oferece segurança às partes envolvidas e diminui o nível de tensão. Além disso, é mais uma oportunidade para qualquer uma das partes propor ajustes antes do encerramento do processo e fechamento do negócio.

Fechamento

Enfim chegamos ao resultado. Se as etapas anteriores foram bem conduzidas, apesar de terem ocorrido impasses e discussões, a negociação pode acontecer porque havia interesses comuns. É a fase de redução das tensões, porque o acordo aconteceu. Agora é a etapa de recapitular vantagens e desvantagens, evidenciando-se as primeiras.

É importante lembrar que essa é mais uma etapa e que o processo ainda não se encerrou. Podemos, caso seja necessário, oferecer alguma vantagem – que estava planejada – condicionada ao fechamento. É necessário estar atento aos sinais e ter claro que o acordo é fechado ao se perceber que as condições são aceitáveis por todas as partes.

Até aqui trabalhamos no abstrato: planejou-se, discutiu-se, alterou-se a proposta original muitas vezes e agora o esforço se concretizou. A materialização tem uma formatação percebida de várias formas. Essa questão de percepção, já tratada no Capítulo 4, surge novamente como algo que pode interferir tão logo seja fechado o acordo. Vejamos o que diz Mello (2005, p. 71) a esse respeito: "O acordo é fechado quando os negociadores percebem que as condições são aceitáveis para todas as partes, e aqui existe um ponto importante: a percepção pode mudar com o tempo! O acordo é percebido como aceitável naquele momento e pode não ser considerado aceitável por uma das partes no momento seguinte". Por essa razão, tão importante quanto fechar a negociação é documentar o acordo: torná-lo oficial. Esse procedimento deve ser providenciado rapidamente. Se possível no ato do fechamento. Não faltarão comentários de pessoas alheias ao negócio dispostas a informar a existência de produtos ou serviços em melhores condições ou comentando que não foi um bom negócio.

Implementação do acordo

Não há nada pior em uma negociação do que prometer e não cumprir. Sabemos que a construção de uma imagem positiva de pessoas, empresas ou negócios demanda um tempo imenso. Destruí-la depende apenas de um episódio negativo. Como fechar um negócio (que é o mesmo que "tirar o pedido") e não entregar o produto, por exemplo.

Além disso, essa etapa é posterior à discussão e não acontece na mesa de negociação. Geralmente, quem produzirá os itens negociados não serão os negociadores, situação que os deixa vulneráveis. Convém ao bom negociador conhecer profundamente o processo produtivo, a qualidade do que vende e a cultura da organização que ele representa, para não assumir responsabilidades na mesa de negociação que não possam ser atendidas.

Ainda assim, existem situações problemáticas em que a falta de cumprimento do acordo fechado podem ser minimizadas. Quando a negociação é desenvolvida na estratégia cooperativa, são maiores as condições que possibilitam o reposicionamento sem maiores traumas. É muito mais complexo, porém, na estratégia competitiva.

É de fundamental importância a adoção de medidas necessárias ao correto cumprimento das condições ajustadas e estabelecidos procedimentos que permitam acompanhar, com o decorrer do tempo, se o acordo efetuado permanece satisfatório para os negociadores.

(.) Ponto final

Apresentamos aqui um processo de negociação ritualístico. Cabe lembrar que nem todos os processos são assim formatados. A estrutura apresentada é decisiva e deve ser aplicada quando há valores importantes envolvidos, monetários ou não. Esses valores podem não ser apenas quantificados financeiramente. Estamos novamente lembrando os interesses, que são sempre objetivos a serem defendidos em uma negociação. No início do capítulo, demonstramos a importância de não excluir etapas, sob pena de se perderem informações preciosas que poderiam facilitar o processo.

Ressaltamos o aspecto emocional que interfere no processo. A Figura 5.2 a seguir demonstra como se comporta o nível de tensão nas determinadas etapas:

FIGURA 5.2 – *Etapas* versus *tensão*

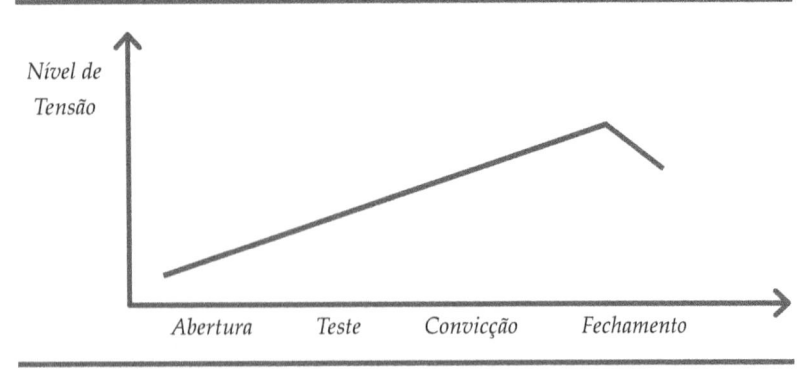

```
Nível de
Tensão
         Abertura    Teste    Convicção    Fechamento
```

FONTE: MELLO, 2005.

Controlar as tensões é uma virtude. Facilita o diálogo, a percepção e a criatividade, contribuindo com a fluidez do processo. Sabemos que cada pessoa tem características pessoais, é possível que alguém haja e decida melhor sob tensão e o contrário também é verdadeiro, porém, ter consciência de que elas estão presentes em todos os envolvidos em algum grau é o início do processo de controle, condição importante para um processo de negociação mais eficaz.

Atividades

1. Assinale a alternativa que NÃO completa a frase a seguir.
   Planejamos uma negociação para _____.
   a. decidirmos a melhor estratégia.
   b. determinarmos as margens de barganha.
   c. munirmo-nos da maior quantidade de informações.
   d. diminuirmos o nível de tensão.
   e. mantermos registros estatísticos.

2. Assinale a alternativa INCORRETA:
   a. Preparação e implementação do acordo são etapas que ocorrem fora da mesa de negociação.
   b. Abertura, teste, convicção e fechamento são etapas que ocorrem na mesa de negociação.
   c. A etapa de abertura deve ser rápida e pode até ser eliminada num processo estruturado de negociação.

d. Informação é poder.
   e. Há somente uma alternativa incorreta.

3. Na etapa do *teste* ou *exploração*, como denominam alguns autores, os "atores" já estão mais à vontade, pois na etapa anterior as tensões foram minimizadas. Sobre isso, assinale a afirmativa INCORRETA entre as opções a seguir:
   a. Nessa etapa, o nível de tensão ainda está em fase ascendente.
   b. É a etapa posterior ao fechamento do negócio.
   c. Um bom procedimento aqui é incentivar a outra parte a falar.
   d. Alguns negociadores utilizam indevidamente essa etapa para blefar.
   e. É a etapa em que devemos ser menos avaliativos para evitar a criação de divergências.

4. Quanto à etapa do fechamento, assinale a alternativa INCORRETA:
   a. Há necessidade de se preocupar com a questão das percepções.
   b. Podemos, caso seja necessário, oferecer alguma vantagem para que ele se concretize.
   c. O fechamento só ocorre quando há interesses comuns.
   d. Ele é irreversível e ocorre previamente à etapa denominada *convicção*.
   e. Só há uma resposta incorreta entre estas cinco alternativas.

5. Assinale a alternativa INCORRETA:
   a. O processo de negociação, estruturado em seis etapas como demonstrado neste capítulo, só é útil nas negociações competitivas.
   b. Genericamente, num processo de negociação, o nível de tensão é crescente, passando a se reduzir na etapa de fechamento.
   c. Implementar o acordo é cumprir o que foi prometido, com as características negociadas.
   d. É importante, havendo convicção das partes, que o acordo seja documentado, se possível no ato do fechamento, em razão das diferentes percepções que podem surgir depois de fechado o negócio.
   e. Há apenas uma resposta incorreta entre estas cinco alternativas.

(6)

Negociação e tomada de decisão

Jorge Alexandre Vanin

Retornamos aqui à questão comportamental diante dos interesses que estão em jogo na negociação. Ao entrarmos nesse processo, quaisquer que sejam os valores em jogo, lá adiante se apresentará uma situação que nos colocará em posição de decidir. Não podemos participar nem contribuir com toda uma discussão e no final simplesmente informar aos interlocutores que estamos levando as informações a outros interessados e daremos retorno em outra oportunidade.

Talvez até possamos fazer isso, desde que estejamos representando uma estrutura e o nível decisório dentro da estrutura de alçadas não nos conceda essa autonomia. Há estruturas em que quem detém a autoridade para decidir não pode estar presente, e isso é muito comum em negócios de vulto. É importante, entretanto, que essa condição seja informada logo no início das negociação.

Conforme Andrade et al. (2004, p. 56), "negociar é decidir. Assim, é importante compreendermos os mecanismos do processo decisório, em especial os elementos de que lançamos mão, normalmente para fazermos nossas escolhas".

Trata-se de um processo complexo, por ser comportamental e envolver tensões, pressões, representação e alçadas. Em resumo, a tomada de decisão é parte integrante do processo negocial e devemos nos preparar para ela.

(6.1) O comportamento humano nas organizações

Começemos pelo óbvio: as pessoas diferem umas das outras nas suas atitudes e na sua maneira de ser. Seu comportamento diverso é visível pela forma como interagem no ambiente com base em suas características predominantes. É a partir dessas características que podemos agrupá-las, para facilitar a análise de alguns tipos de comportamentos. A definição de grupos básicos tem sentido didático, para possibilitar o estudo das técnicas de relacionamento interpessoal que visem à eficácia da negociação.

Para possibilitar o agrupamento, utilizam-se comportamentos básicos considerados influenciadores e característicos e se determinam a tendência do indivíduo em seu relacionamento social. Conhecer esses comportamentos permite perceber a orientação básica das pessoas ao interagirem nos grupos, além de trazer as pessoas não pertencentes àquele grupo à reflexão.

E quais são os componentes influenciadores? Podemos observar isso em um universo amplo com dois grandes grupos, sendo um deles composto por pessoas com maior tendência para as relações sociais, e o outro, por pessoas mais reservadas. No segundo grupo, há uma característica: essas pessoas são mais voltadas para a execução de tarefas.

Basicamente, o que diferencia os dois grandes grupos citados é a forma como as pessoas expressam suas emoções. Todas, naturalmente, expressam-nas, porém algumas de forma mais reservada e outras de modo mais expansivo. As que evidenciam mais suas emoções são perceptivelmente mais expansivas, acessíveis, comunicativas, impulsivas, informais, francas, amistosas, indisciplinadas quanto ao tempo e ao processo, são também mais indulgentes e dramáticas. Esse conjunto de características tende, geralmente, a promover nessas pessoas maior facilidade de desenvolver relações sociais.

No outro grupo, composto por aquelas pessoas que controlam mais suas emoções e são percebidas como reservadas, frias, formais, independentes, disciplinadas, racionais, metódicas, organizadas e impessoais, a tendência é que sejam observadas como de baixa intensidade emocional e apresentem como características aspectos técnicos mais desenvolvidos, o que lhes empresta a imagem de pessoas voltadas para a organização, ordem e execução de tarefas. Há, entretanto, aqui um aspecto a ressaltar: o que estamos demonstrando é a forma como as pessoas manifestam suas emoções, e não a capacidade que elas têm de senti-las.

Essa análise objetiva definir o componente influenciador do comportamento das pessoas de cada grupo. Podemos identificar que o primeiro grupo é movido pela emoção ao se relacionar, envolver-se e compartilhar relacionamentos, enquanto o segundo grupo tem como elemento motivador a ação, o fazer, o contribuir para acontecer.

Temos, então, como influenciadores do comportamento humano a ação e a emoção. A intensidade com que cada um desses componentes se manifesta decorre da formação e de filtros, consequência da nossa formação e de quais características possuímos, consideradas as dos dois grandes grupos definidos aqui.

Porém, os seres humanos não possuem somente uma ou outra propriedade. As pessoas são uma mescla de características, algumas se evidenciando e outras nem tanto. Podemos subdividi-las em quatro agrupamentos de comportamento a partir dos dois grandes grupos que formamos no início, considerando que a ação e a emoção interagem como influenciadoras desse comportamento. Os grupos são: 1) muita ação, muita emoção; 2) pouca ação, muita emoção; 3) muita ação, pouca emoção; e 4) pouca ação, pouca emoção.

Com base nessa subdivisão, cada grupo, considerado por tipo de comportamento, possui um conjunto de características predominantes que definem a linha de conduta no relacionamento interpessoal. É importante lembrar que um indivíduo com características básicas de um desses grupamentos não possui traços dos demais: o que acontece na prática é a evidência de uma característica que sobrepuja as demais.

Apesar das características citadas serem determinantes de um perfil, como cada um de nós tem as demais de forma latente, existe a possibilidade de trabalhá-las e desenvolver as que não aparecem de forma mais evidente. Devemos considerar ainda o aspecto das percepções: quem nos observa cria uma imagem sobre nós. Muitas vezes, esse enquadramento é mais atribuição dos observadores do que propriamente nossa real forma de nos comportarmos.

Cabe esclarecer que não há, entre os grupos mostrados o certo ou o errado. Existe, sim, a necessidade de, em uma negociação, dependendo das suas características, eleger a pessoa com o perfil mais apropriado, ou seja, o que podemos afirmar é que determinados comportamentos serão mais adequados, ou não, dependendo do momento e das pessoas com as quais se interage.

E qual o relacionamento de tudo isso com negociação e tomada de decisão? Estudando o nosso comportamento, torna-se mais fácil fazermos uma autocrítica e, definido nosso estilo, darmos um passo importante para nos reposicionarmos quando necessário. Esse autoconhecimento nos permitirá extrair toda a força das características positivas ou facilitadoras do comportamento e também minimizar os aspectos negativos ou dificultadores durante o processo de negociação, de forma que possamos, por ocasião da tomada de decisão, fazê-la com mais competência. Além disso, uma ação consciente sobre os estilos auxiliará, ainda, o estabelecimento de um clima positivo e o aumento da confiança entre os negociadores, com vantagens para todos. Sem mencionar que estaremos em melhores condições de entender e de analisar o estilo das demais partes envolvidas.

(6.2) Decidir com criatividade

A cada etapa, retornamos à questão comportamental. No item anterior, agrupamos comportamentos para definir perfil. Algo diferente do que tratamos no na Seção 4.2, ao trabalharmos as características do bom negociador, aquelas características são posturas recomendadas, diferentemente do que vimos na Seção 6.1. Aqui trabalhamos os perfis. Já dissemos que os processos de negociação são amorfos e não há como padronizá-los. Sendo assim, devemos planejar e definir os negociadores certos para cada situação. O que muda são as pessoas, pois elas se comportam das mais variadas formas. Essa é a razão de dar atenção ao ponto da questão comportamental em todo nosso estudo.

Tendo esclarecido isso, vamos tratar da tomada de decisão sob o aspecto da criatividade. Andrade et al. (2004, p. 74) apresentam a seguinte visão:

> *Devemos inventar opções, possíveis acordos. Se quisermos ter um bom acordo, precisaremos conhecer todas as possibilidades. Exemplo: se você disser que quer um edifício, perguntarei por que você o quer. Para trabalhar nele? Para fazer um investimento? Para ter proteção? As opções possíveis seriam, respectivamente, um* leasing *em longo prazo, um* leasing *com opção de compra ou uma compra a prazo. Em última análise procura-se encontrar uma opção que esteja de acordo com nosso interesse.*

O que não se pode é deixar de lembrar de oferecer alternativas. A negociação é um processo de comunicação por meio do qual as pessoas trocam informações, inicialmente antagônicas, mas com objetivo de convergir. Se isso não ocorrer, fatalmente não haverá acordo. E é nesse processo que deve fluir a criatividade. Na troca de informações antagônicas deve ser concentrada atenção, porque é com criatividade que fluirão fatos novos, observações, novas ideias, situações antes impensadas, que podem ser a solução.

Goldberg (2009) destaca que, no aspecto da comunicação nas negociações, alguns pontos são considerados primordiais. O primeiro deles é que, antes de tudo, precisamos nos fazer entender, pois, se nós mesmos não conseguirmos passar claramente a ideia do que queremos no processo, dificilmente também receberemos informações. Certamente nesse processo existem algumas questões que envolvem a cultura: o nível cultural do interlocutor e as suas condições de receber e interpretar o que estamos comunicando. O autor conclui destacando que deve ser utilizada a criatividade para julgar a situação e encontrar a melhor solução.

Criar é simular, é apresentar alternativas apresentando posições como as que apresentamos a seguir: "Vamos discutir melhor esse ponto e imaginar essa possibilidade"; "Proponho que pense na seguinte possibilidade e imagine que os resultados possam ser diferentes, porém melhores do que se fôssemos por aquele caminho" e "Vamos avaliar essa alternativa juntos e pensar o que aconteceria". São apenas algumas formas de trazer a outra parte para o imaginário. Geralmente surgem fatos novos que gerarão outros e poderão possibilitar a solução.

É o processo de revisão de papéis descrito por Lewicki et al. (2002):

> *Embora geralmente seja fácil ver a lógica, a razão e os pontos em comum em potencial de ambos os lados do conflito quando se é um estranho, reconhecê-lo quando você está pessoalmente envolvido em um conflito é uma outra questão. A reversão de papéis pode ajudá-lo a se pôr no lugar da outra parte e poder ver a questão da perspectiva dela. Consequentemente, o gerente pode assumir a posição de um empregado; um vendedor, de um cliente; um agente de compras, de um fornecedor. Você pode simplesmente criar cenários em sua imaginação, pedir para um amigo ou colega assumir o outro papel e representar um diálogo, ou, de forma mais eficaz, incluir a reversão de papéis como parte de um processo de preparação de estratégia unilateral. Embora não lhe diga exatamente o que a outra parte pensa e sente sobre as questões, processo pode lhe proporcionar ideias úteis e surpreendentes.*

(6.3) O processo decisório

Decidir nada mais é do que um processo de escolha entre alternativas disponíveis. Seria tão simples assim? Mas será que quem efetivamente vai fazer os desembolsos decorrentes da decisão vai sempre concordar que a decisão tomada foi a melhor? Observamos que surgem outros interessados, ausentes do processo de negociação e que também terão de ser satisfeitos. Caso contrário, a confiança no negociador pode ficar comprometida. E as sucessões de decisões tomadas vão gerando uma determinada imagem relativa à forma de atuar. Costumamos dizer que o difícil não é o processo de negociação: o maior problema, depois do fechamento do negócio é o convencimento interno, o que não deixa de ser uma verdade sempre presente porque há todo um processo de poder e de hierarquia com o qual teremos de conviver.

Primeiramente, apresentamos a visão da racionalidade limitada, de Simon, citado por DuBrin (2006, p. 87-88):

> *De modo geral, a tomada de decisões não é totalmente racional, tantos são os fatores que influenciam o tomador de decisões. A conscientização desse fato brota da pesquisa do psicólogo e economista Herbert A. Simon. Ele propôs que vínculos (ou limites) para a racionalidade estão presentes na tomada de decisões. Esses vínculos são as limitações do organismo humano, relacionados particularmente ao processamento e ao resgate de informações.* RACIONALIDADE LIMITADA SIGNIFICA QUE AS HABILIDADES MENTAIS LIMITADAS DAS PESSOAS, COMBINADAS COM INFLUÊNCIAS EXTERNAS SOBRE AS QUAIS ELAS TÊM POUCO OU NENHUM CONTROLE, IMPEDEM-NAS DE TOMAR DECISÕES TOTALMENTE RACIONAIS. *Decisões satisfatórias são o resultado da racionalidade limitada.*

Com base nessa citação, podemos concluir que também as limitações são variadas. Há pessoas com conhecimento maior e outras com conhecimento menor sobre um mesmo tema, o que nos permite concluir que a qualidade de determinada decisão será mais ou menos qualificada, dependendo de quem a tomar e do seu conhecimento. Se nos aprofundarmos na obra de Simon, anteriormente citada, veremos que o autor se aprofunda na análise da limitação da racionalidade e sugere que é possível reduzi-la agrupando mais pessoas conhecedoras do assunto tratado na tomada de decisão. O autor prevê que mesmo assim não se saberá tudo sobre o assunto, mas quanto mais especialistas houver, menor será a limitação de incertezas.

Andrade et al. (2004) tratam de negociação e da tomada de decisão tomando por base a pressuposição de que a última é resultado da primeira e ambas têm o interesse de superar o conflito, suprimindo a divergência que existe sobre o que está sendo tratado. Nessas condições, a negociação se constitui de movimentos que alteram no seu curso o cenário e as divergências, até que se chegue a um ponto de convergência. Às vezes, isso não acontece e o negócio não é fechado. Quando ocorre o fechamento ou a ação, entretanto, ela tem dupla eficácia, as quais o autor classifica como *concreta* e de *simbólica*. A eficácia concreta é a que apresenta a propriedade de modificar o meio, possibilitando que ações posteriores sejam também conduzidas, enquanto a eficácia simbólica é a visão que os participantes têm dos seus efeitos e é tão diversa quanto forem as diferenças culturais dos participantes.

A tomada de decisão nos processos de negociação resulta em ações, daí a sua importância. Essa ação apresenta os aspectos concretos, resultados da sua execução, e os aspectos simbólicos, que variam dependendo do enfoque que os filtros de cada envolvido lhes atribuirão. As ações, a partir da tomada de decisão, podem ser classificadas como comunicativa, estratégica e lúdica. Ainda pode ocorrer uma tríplice aliança, que é o conjunto delas. A seguir vemos os seus significados:

- Ação COMUNICATIVA – Uma ação transmite, na prática, intenções. Se essas intenções forem rotineiras e comuns ao meio cultural, são naturalmente aceitas e facilmente implementadas, pois não exigem reflexões para que seja entendida sua intencionalidade, apoiando-se nesta seu poder comunicativo. Com a sofisticação dos usos e dos costumes de uma sociedade, a ação comunicativa ganha complexidade, muitas vezes alterando comportamentos. Essa complexidade é, frequentemente, mais difícil de ser comunicada.
- Ação ESTRATÉGICA – Há ações que nem sempre são claramente transmitidas. Segundo Andrade et al. (2004, p. 68), "a ação estratégica é, portanto, aquela que é principal ou exclusivamente considerada no aspecto de ser determinante ou, pelo menos, condicionante da prática por terceiros de outras ações que atendam os desejos ou as expectativas do primeiro agente". Ou seja, ela dá início a outras ações ou proporciona que elas sejam implementadas.
- Ação LÚDICA – É a tomada de decisão cuja ação proporciona a satisfação de necessidade subjetiva ou produz a sensação subjetiva de prazer. Trata-se, portanto, de uma decisão que proporciona ações que tragam prazer, sem envolver necessariamente procedimentos concretos ou materiais.
- TRÍPLICE ALIANÇA – Na visão do mesmo autor, toda ação se constitui no conjunto das ações anteriores, carregando maior ou menor intensidade de cada uma delas. É fundamental compreender o processo decisório, para que entendamos que, a cada decisão, geramos ações, as quais têm os três sentidos anteriormente descritos, os quais se incumbem de comunicar o que efetivamente foi decidido.

(.) Ponto final

A tomada de decisão é a ponta do processo de negociação e, como vimos, abrange aspectos psicológicos entre os envolvidos com impactos externos. Dependendo do seu tamanho, atinge variados grupos sociais. Sendo assim, é tema de grande importância. Aqui apresentamos apenas um dos enfoques, pois questões como poder, ética e outros assuntos ligados a comportamento serão tratados adiante.

Quanto à tomada de decisão, tratamos de seus efeitos e a forma como ela é vista socialmente. Devemos destacar que o modo como ela é abordada geralmente é isento de consciência por parte dos negociadores, de todos os seus efeitos junto aos grupos sociais. Em geral, os negociadores estão mais preocupados com o cumprimento dos objetivos, qualquer que seja seu estilo de negociar – seja competitivo, seja cooperativo. Andrade et al. (2004) diz sobre esses estilos que "o que é preciso, é uma terceira alternativa, a tomada de decisão e negociação em colaboração. Essa abordagem enfatiza a criatividade, a construção de confiança mútua e a busca conjunta por soluções que atendam aos interesses de todos".

Para que as decisões se efetivem com aspectos positivos, os negociadores devem apresentar mais opções mutuamente satisfatórias e menos dificuldades. Por último e considerando que as técnicas de negociação, embora presentes no dia a dia do convívio social e familiar, ocorrem em larga escala nas organizações, cabe reproduzir esta visão de Andrade et al. (2004, p. 70-71):

> *Quem trabalha em uma organização está sempre tomando decisões, sejam elas explícitas ou tácitas. Ao fazer isso, os profissionais moldam não só seu futuro, como também o da empresa, de seus colegas, dos consumidores que adquirem seus produtos, dos acionistas que investiram na empresa e de toda a sociedade. Essas* DECISÕES *frequentemente afetam o bem-estar individual e social e, portanto, têm importantes impactos éticos sobre os envolvidos.*

Os autores prosseguem, repassando que negociar prevê relacionamento entre seres que têm percepções diferentes, constituindo o ato de atacar os problemas buscando soluções e não atacar uns aos outros. Outro ponto que dá sequência ao raciocínio anterior referente a relacionamentos diz respeito aos interesses: as decisões visam a atendê-los e, para tal, devemos nos concentrar menos nas posições e mais em acordos, para que as decisões produzam valor.

Atividades

1. Neste capítulo, vimos os dois grandes grupos estudados relativos ao comportamento nas organizações. Um deles tem um perfil com tendência mais para a execução, é mais técnico, e outro para o relacionamento. Sobre isso, assinale a alternativa INCORRETA:
    a. O comportamento é estanque e não pode ser alterado.
    b. Os perfis demonstram uma tendência, podendo ser trabalhados.
    c. Conhecer o próprio perfil possibilita o reposicionamento.

d. As pessoas mais voltadas para o social também têm viés técnico, porém não tão evidente.

e. Quando se avalia o perfil emocional das pessoas, não se está avaliando a capacidade destas de sentir emoções.

2. Assinale a alternativa INCORRETA:
    a. Definir o perfil significa delimitar o componente influenciador do comportamento das pessoas de cada grupo.
    b. O agrupamento das pessoas por perfil é meramente didático, para facilitar a observação de comportamentos.
    c. Cabe esclarecer que não há, entre os grupos expostos, o certo ou o errado.
    d. Por meio do agrupamento feito podemos determinar quem será e quem não será negociador.
    e. As pessoas mais voltadas para o social têm a tendência de serem mais negociadoras e as de perfil técnico mais executoras.

3. Assinale a alternativa que NÃO pode ser utilizada para completar o trecho a seguir de acordo com a teoria estudada.
    Quanto ao processo decisório, a criatividade _____.
    a. é uma característica importante para facilitar fechamento de negócios.
    b. abre a possibilidade de oferecer ideias novas numa negociação.
    c. traz novas alternativas ao processo.
    d. é característica de um bom negociador e facilita a chegada à decisão.
    e. é dispensável. Podemos até afirmar que é inútil nas decisões.

4. Assinale a alternativa que NÃO deve ser utilizada para completar a afirmação a seguir.
    No processo decisório, o negociador toma a decisão e ela é _____.
    a. o início de um processo interno e ele deverá compartilhá-la internamente com seus pares e superiores.
    b. soberana e ele não precisa dar satisfação a ninguém.
    c. resultado de planejamento interno e será tão melhor quanto mais preparado ele foi com informações, dados e fatos.
    d. compartilhada com a equipe.
    e. As alternativas "a", "c" e "d" são coerentes com a teoria estudada.

5. Assinale a alternativa que NÃO completa a afirmativa a seguir.
   Negociação e seu fechamento e decisão são _____.
   a. uma ação lúdica.
   b. uma ação estratégica.
   c. um resultado absoluto, inquestionável e inalterável.
   d. uma tríplice aliança.
   e. uma ação comunicativa.

(7)

Poder e modalidades de decisão

Jorge Alexandre Vanin

Não é sem propósito que o assunto "exercício do poder" vem na sequência do tema "tomada de decisão". Falamos no capítulo anterior sobre a vinculação das decisões no fechamento de um negócio, com a linha hierárquica e o respeito que o negociador deve manter para com as orientações e os interesses de quem ele representa, sob pena de ter sua imagem comprometida.

A coerência recomendada tem afinidade com o jogo de poder dos envolvidos no processo negocial. Há sempre um jogo político no qual, dependendo da cultura da organização, um negócio, por melhor que seja fechado, estará sempre exposto a críticas que podem surgir dos pares, os quais muitas vezes se colocam na condição de competidores. Sempre há aqueles que acham que teriam feito melhor. Falamos aqui do jogo do poder nas organizações, mas é bom lembrar que também nos relacionamentos pessoais – como casamento, família, amizades – embora de forma não hierarquizada, não há dúvida de que há sempre interesses em jogo.

Lembramos aqui também da questão das percepções. Das ações – comunicativa, estratégica e lúdica – que perpassam as nossas decisões. Uma coisa é o ato que realizamos e outra é como ele é percebido. Muitas vezes, concluímos o melhor dos negócios, mas não é assim que ele é interpretado (ou percebido). Todos esses ingredientes fazem parte do jogo do poder.

Trata-se de um assunto amplo que transita na cultura organizacional se estamos no meio empresarial. Fora dele, há a interferência da cultura pessoal – formação e filtros das pessoas –, além da cultura da sociedade em que vivemos. Não bastassem os aspectos ligados ao nosso meio, estamos falando de negociação. Negociamos com terceiros, que também têm sua cultura, seus filtros, sua forma de interpretar os acontecimentos. É sobre o exercício do poder, suas modalidades, vertentes e efeitos que vamos tratar agora, sempre no interesse do jogo dos negócios.

(7.1) Origem do poder: do que estamos falando?

O que é o poder? Algo bom ou ruim, dispensável ou inevitavelmente presente? Inicialmente, podemos afirmar que o poder não é algo bom ou ruim: depende de como ele é exercido. E não há como não conviver com ele, pois, no comportamento humano, o poder sempre está presente de alguma forma. DuBrin (2006, p. 302) apresenta a seguinte definição de poder:

> *Poder é o potencial, ou a habilidade, de influenciar decisões e controlar recursos. Muitas definições da palavra poder centralizam-se na habilidade de uma pessoa em superar as resistências para alcançar um resultado. Entretanto, alguns pesquisadores sugerem que o poder está no potencial, enquanto outros se focalizam no uso. Nossa definição inclui tanto o potencial quanto o uso. Se você tem uma bateria poderosa em seu carro, ela continua poderosa quer esteja ou não em uso.*

Nosso objetivo aqui é fazer o *link* entre o poder e a negociação, ou seja, queremos mostrar a utilidade do poder quando negociamos. Por isso, é importante identificarmos como podemos exercê-lo em determinada circunstância, se está conosco ou com a outra parte, quais suas formas e origens.

O poder se apresenta de várias formas. Como política, que é a forma de influenciar pessoas para se chegar a determinada função na qual possuímos mais poder. Outra forma de alcançarmos o poder é por meio da influência, que é uma espécie de poder, mas tem o sentido de dispor de habilidade para mudar comportamento, sendo mais sutil e indireta.

Ainda segundo DuBrin (2006), o poder se apresenta de várias formas e vem de várias fontes, a seguir explicitadas:

- Poder socializado – É quando alguém busca o reconhecimento dos seus superiores para alcançar determinada posição e poder ser o gestor de um programa de melhoria do atendimento ou de um programa social dentro da sua organização.
- Poder personalizado – Quando alguém utiliza a posição que ocupa para administrar situações no intuito de obter vantagens pessoais.
- Poder legítimo – Refere-se ao exercício do poder nas organizações dentro das alçadas que são concedidas para cada cargo, assim considerada a estrutura hierárquica da organização. As decisões tomadas dentro da sua alçada são legítimas porque estão respaldadas pela responsabilidade do seu cargo.
- Poder coercitivo – Trata-se da forma de exercício do poder por meio da autoridade, com uso da força e de intimidações, como ameaças a uma futura promoção, demissões, sonegação de prêmios por resultados. Esse tipo de poder atualmente é mais raro, em razão da existência de suporte legal, através de processos de assédio moral.
- Poder de recompensa – Forma de controle possível de ser exercida por superior hierárquico, que conduz as pessoas por meio da promessa de remuneração por executar determinada tarefa. Ele existe se a parte manipulada efetivamente tiver necessidade do prêmio em jogo.
- Poder de especialização – É exercido por alguém que detém conhecimento específico sobre determinado assunto ou técnica. É uma das formas mais comuns de exercício de poder e conduz à necessidade de muitas negociações ou gera grande volume de negócios. Por exemplo: dentro das organizações, as equipes que dão suporte técnico à área de sistemas informatizados e são detentoras de etapas em que somente elas podem eliminar determinados entraves técnicos muitas vezes param linhas de produção ou processos de gestão, enquanto o técnico negocia o preço dos serviços de regularização. Podemos citar o caso de processos burocráticos para montagem de projetos de investimentos com aporte de crédito em determinadas organizações financeiras – há necessidade de se remunerar empresas especializadas para construírem o projeto, caso contrário não se viabiliza a operação.
- Poder de referência – Trata-se do poder exercido por alguém de sucesso na sua área de atuação, como no meio artístico ou mesmo empresarial. São pessoas reconhecidamente carismáticas, e são inspiradoras de meios para obter sucesso. Elas acabam sendo reconhecidas como modelo na sua área de atuação e são respeitados por isso.

Agora que estudamos as formas de exercício do poder e de onde ele se origina, podemos refletir sobre a utilidade desses conceitos nos processos de negociação. Eles nos permitem não só identificar se dispomos de alguma dessas características, mas, principalmente, observar nos processos negociais se estamos sendo assediados por alguma delas. Existindo consciência a respeito, fica mais fácil de organizarmos alguma estratégia para nos protegermos.

Há, porém, outro enfoque que pode ser atribuído a qualquer uma das formas ou fontes de poder aqui relacionadas. Trata-se da sua utilização, em qualquer das alternativas, por meio da liderança. É o que nos ensina Robbins (2008), que inicia destacando que, genericamente, o poder tem sido interpretado como o pior dos palavrões para a maioria das pessoas que tem a visão do poder como algo absoluto: realmente, sob esse enfoque, segundo o autor, o poder absoluto corrompe efetivamente. Mas a ele não é necessariamente conveniente dar esse enfoque quando é exercido com legitimidade e com visão de liderança. Vejamos o que o autor nos apresenta quando compara liderança e poder:

> *Quais diferenças existem entre os dois termos? Uma diferença se refere à compatibilidade de objetivos. O poder não requer a compatibilidade de objetivos, apenas a relação de dependência. A liderança, por outro lado, requer alguma congruência entre os objetivos do líder e os daqueles que estão sendo liderados. Uma segunda diferença se relaciona à direção da influência. A liderança enfoca a influência descendente do líder sobre o liderado. Ela minimiza a importância dos padrões ascendentes e laterais de influência; o poder, não. Outra diferença diz respeito à ênfase das pesquisas. A pesquisa sobre liderança, em sua maior parte, enfatiza a questão do estilo. Busca respostas para perguntas como: "Quanto um líder deve ser apoiador"? e "Quanto do processo decisório deve ser compartilhado com os liderados"? Já a pesquisa sobre poder tem se dedicado a uma área mais ampla e focado as táticas de conquista da submissão. Ela vai além do indivíduo, pois o poder pode ser exercido também por grupos, para controlar outros grupos ou indivíduos.*

Em todas as negociações, podemos exercer a liderança em vez do poder? Temos condições de responder a essa questão revendo a matriz de estratégia estudada no Capítulo 3. Mas fica muito mais aprazível negociar quando estamos diante de líderes, e não de autoridades. Existe uma afirmativa de Robbins (2008) que parece indiscutível: a dependência é a chave para alguém exercer o poder e é originária de fontes como importância, escassez e impossibilidade de substituição. Qualquer das três características indica posição de poder para quem detém algo que é importante, raro e difícil de substituir. Ao partirmos para uma negociação em que precisaremos adquirir algo, fatalmente poderemos estar enfraquecidos e a outra parte poderá exercer o poder sobre nós nessa situação.

Vimos a importância do poder, suas fontes e origens e sua comparação com o exercício da liderança. Sua utilidade já comentada nos proporciona melhores condições de decidirmos nos processos de negociação em que nos envolvemos no nosso dia a dia. Vamos tratar agora da decisão.

(7.2) Tomada de decisão e poder

Mesmo sem falar nos processos negociais todos os dias, na vida privada ou nas organizações, tomamos decisões, desde as mais elementares até as que promovem mudanças nas nossas vidas. Quando estamos tratando de decisões em alto nível nas organizações com executivos, elas interferem e modificam a vida, muitas vezes, de milhares de pessoas.

Aqui cabe fazermos um *link* com o assunto anterior e refletirmos sobre o exercício do poder e sobre a tomada de decisão, os quais, por influenciarem pessoas e populações, realmente são assuntos de importância capital.

Quando falamos que tomamos decisões todos os dias, devemos lembrar do comportamento das pessoas nas organizações. Quando trabalhamos com grupos, é nítida a imagem que cada um dos componentes dos grupos de trabalho constroem no dia a dia. Embora se reafirme que todos os dias as pessoas tomam decisões, há aquelas que resistem: em geral, não é com essa pessoa, e sempre o assunto é passado para o seu superior, já que ela não se sente em condições, ao contrário de outros, que fazem as rotinas andarem e, ao menor problema, têm um encaminhamento geralmente lógico e correto. Com qual dos dois modelos é mais produtivo trabalhar?

Muitas vezes, falta aos primeiros melhor preparo, o qual pode ser desenvolvido por meio de treinamentos para tomada de decisão. Observemos o modelo racional, apresentado por Robbins (2008), composto por seis etapas. Ele apresenta a seguinte sequência, para dissecar um problema com vistas à tomada de decisão:

1. CLAREZA DO PROBLEMA – Ter todas as informações de forma que não haja surpresas.
2. OPÇÕES – Todas as alternativas possíveis devem ser analisadas, bem como suas consequências.
3. PREFERÊNCIAS – Dentro das opções existentes, deve ser estruturado critério de importância, para que as alternativas sejam consideradas em termos de efeitos e de valores.
4. OPÇÕES CONSTANTES – Considerar que os pesos atribuídos das opções sejam constantes no futuro.

5. LIMITAÇÕES DE TEMPO E CUSTOS: O tomador de decisão deve ter claro e possuir condições de saber quanto vai custar sua decisão, o que isso significa ao longo do tempo para poder quantificar retornos.
6. OBTER O MÁXIMO RETORNO: Estar preparado para escolher a alternativa que resulte no maior retorno possível.

Apesar de estarmos tratando de critérios de decisão, não há dúvida de que essa estrutura apresenta utilidade também para o planejamento de qualquer processo negocial.

Há, entretanto, segundo Andrade et al. (2004), armadilhas escondidas por ocasião da tomada de decisão que podem afetá-las, as quais todo o negociador deve conhecer com o fim de evitá-las. São elas:

- ARMADILHA DA ÂNCORA – Fixar a decisão em pontos como tendência mundial e histórico ou tradição. É preciso colocar imaginação e criatividade e fazer uma boa análise de cenários, buscando alternativas sem repetir o que ocorreu no passado.
- ARMADILHA DO *status quo* – É da natureza humana ser resistente a mudanças. Por isso, é comum tomar decisões com base em padrões de rotina, repetir-se sem propor ou analisar alternativas.
- ARMADILHA DO CUSTO INVESTIDO – É comum pensar: "Já foi investido tanto nisso, não podemos parar agora", sendo que essa decisão pode simplesmente aumentar o vulto do prejuízo.
- ARMADILHA DA EVIDÊNCIA CONFIRMADA – É se basear em tendências observadas em jornais ou televisão sem aprofundar as informações.
- ARMADILHA DAS TABELAS COMPARATIVAS – A origem dos dados das tabelas foi questionada? Muitos decisores se esquecem de avaliar o material que lhes foi fornecido e deliberam sobre dados falsos.
- ARMADILHA DA ESTIMATIVA E PREVISÃO – Similarmente ao item anterior, porém é a tomada de decisão sobre dados futuros, sem verificar se a tendência é firme. Novamente aqui é importante ter presente a questão da projeção de cenários de forma bem aprofundada.
- ARMADILHA DO EXCESSO DE CONFIANÇA/PRUDÊNCIA – Tanto uma quanto outra situação devem ser evitadas, levando a uma maior ponderação dos dados e fatos.

Essas armadilhas no processo decisório são cruciais e inibem, muitas vezes, melhores resultados nas negociações se o decisor não estiver atento. Nesse caso, ele estará exercendo o poder de forma equivocada, com prejuízos evidentes que podem comprometer sua imagem e gerar prejuízos.

(.) Ponto final

Observamos aqui que exercer o poder é tomar decisões. Esses dois processos estão intimamente ligados. O fascínio pelo poder, entre outros aspectos, dá às pessoas a vontade de poder tomar decisões. E a negociação inclui, no final de cada processo, a tomada de decisão. Mas só decide quem tem poder para tal. Como vimos, esse poder pode ser conquistado ou adquirido de algumas formas.

Definimos então o que é poder e esclarecemos que, dado o inevitável convívio com ele, precisamos estar preparados para transitar no seu meio e exercê-lo. Para estarmos mais bem preparados, esclarecemos algumas fontes e técnicas por meio das quais identificamos e aprendemos como nos posicionar diante do exercício do poder ou mesmo como praticá-lo.

Analisamos o exercício do poder sob o aspecto da liderança. Sabemos que nem sempre é possível negociar utilizando esse comportamento, principalmente quando a negociação é competitiva. Porém, pode ser um estilo a ser aplicado com muito sucesso, dependendo do jogo de forças que está em discussão.

Por último, tratamos das armadilhas, assunto de muita importância na tomada de decisão que acarreta a definição da negociação. O desconhecimento destas ou o descaso para com elas pode trazer sérios prejuízos como resultado de decisões que tenham sido conduzidas com certos vícios.

Para trabalhar o poder e a decisão, apresentamos o caso a seguir, que subsidiará o entendimento das nuances do poder e da decisão.

Atividades

Leia atentamente a história a seguir:

> ## *Informação é poder*
>
> A frota de submarinos argentinos, adquirida dos Estados Unidos, é movida por um combustível cuja tecnologia também é norte-americana e é produzido à base de uma planta antes abundante na Costa Oeste desse país, mas que sofreu uma violenta queda de safra por razões de seca na região.

Resultado: você é secretário de Defesa argentino e acaba de receber um comunicado oficial do governo dos Estados Unidos de que o combustível não mais será fornecido, para preservar os estoques com vista a atender às estratégias de defesa do seu país. A defesa da costa argentina depende fundamentalmente da frota de 200 unidades. Quem conduziu toda a negociação e a compra dos submarinos foi você. Há alguns dias, você acompanha os movimentos da frota britânica que se desloca ao Hemisfério Sul: há notícias de que pretendem defender a qualquer custo uma base na região. É possível que eles saibam da sua dificuldade com o combustível.

Há uma alternativa de matéria-prima, nas montanhas da Colômbia, e sabe-se que dela é produzido o mesmo combustível, com pequenos ajustes nas usinas de processamento. Você fez contato com as lideranças colombianas para adquirir a maior quantidade possível da matéria-prima. Registre-se que a produção dessa matéria-prima alternativa é pequena e está em crise pela forte quebra de safra por excesso de chuvas na região produtora, em consequência do fenômeno El Niño. Para sua surpresa, você recebe a informação dos líderes ruralistas colombianos que eles estão em adiantadas negociações de toda a produção, com um empresário brasileiro, Sr. Jorge Vargas, proprietário de uma empresa de pequeno porte. Esse empresário está disposto a comprar toda a produção.

Jorge Vargas é empreendedor e pesquisador. Sempre cheio de ideias, desenvolveu uma cápsula purificadora de água com base na mesma matéria-prima produzida na Colômbia. A iniciativa deveu-se à seca que assola o nordeste brasileiro, aos mananciais de água que estão secando e aos restantes contaminados. Jorge Vargas vislumbrou como grande oportunidade a criação de um método que purifica água, através de um processo natural. Desenvolveu-o, testou-o e negociou fornecimento do purificador para o Ministério da Saúde do Brasil, que nem precisou fazer licitação, por se tratar de uma situação emergencial de calamidade pública e pela ausência de produto similar com tamanha eficiência. Nesse momento, para cumprir seus compromissos, Jorge Vargas necessita e está em adiantadas negociações de compra de toda a produção da matéria-prima colombiana.

Enquanto Jorge Vargas discutia as condições do negócio, que já estava em fase adiantada, soube de fonte segura que o governo argentino estava tentando adquirir o mesmo produto. Ele estava preocupado em não conseguir quantidade suficiente e agora fica ainda mais perplexo quanto às necessidades dos argentinos.

Quanto aos colombianos, parecem preocupados por estarem no centro de um possível conflito diplomático. Vender a escassa produção para um dos países geraria protestos do outro. A indicação do comportamento dos colombianos é de que não venderão aquela matéria-prima enquanto não houver um acordo entre Argentina e Brasil.

Você, ministro da Defesa argentino, convidou Jorge Vargas para uma reunião em Buenos Aires. Ele irá com o apoio do governo brasileiro, orientado para ser cauteloso, porém deverá comprar toda a produção dos colombianos, para que sua empresa cumpra o compromisso assumido em seu país. Afinal, há muitos conterrâneos que poderão morrer de sede se o Sr. Jorge Vargas não fechar a negociação.

1. Assinale a alternativa INCORRETA (ou menos provável de ser exercida), quanto ao tipo de poder do qual o Sr. Jorge Vargas dispõe no episódio citado:
   a. Poder socializado.
   b. Poder personalizado.
   c. Poder legítimo.
   d. Poder de recompensa.
   e. Poder coercitivo.

2. E quanto à sua postura como ministro da Defesa argentino, assinale a alternativa MENOS PROVÁVEL de ser praticada por ele:
   a. Exercer a liderança nas negociações com o Brasil em razão das boas relações comerciais e sob a alegação de que precisa do apoio brasileiro para defender seu país pela iminência de uma guerra na região.
   b. Poder legítimo.
   c. Exercer o poder coercitivo em razão da sua autoridade por estar negociando com um empresário, e não com uma autoridade brasileira.
   d. Poder de referência, por estar em posição mais vantajosa na mesa de negociação, pois ser ministro argentino é um destaque e é possível tirar vantagem dessa posição.
   e. Poder de especialização, pois conhece profundamente os equipamentos cuja compra conduziu e sua importância para a defesa do seu país.

3. Quanto às condições para tomada de decisão, assinale a alternativa INCORRETA:
   a. Não há no texto alternativas estudadas por nenhuma das partes.
   b. Não há no texto indícios de que os envolvidos trabalharam a questão dos valores contidos, o que pode levar os representantes colombianos a se beneficiarem da situação.
   c. O empresário brasileiro está orientado para obter o máximo de retorno.
   d. Há clareza nas informações e todos os envolvidos conhecem todas as nuances do que será negociado.
   e. Não houve a quantificação do tempo disponível.

4. Entre as armadilhas estudadas no texto, assinale a afirmativa INCORRETA:
   a. O governo argentino caiu na "armadilha da âncora", pois não estudou alternativas, fixando-se em apenas uma solução: o produto colombiano.
   b. O governo argentino caiu na armadilha do custo investido, porque sequer pensou em criar uma frota bicombustível.
   c. Jorge Vargas se aproveitou da armadilha de estimativa e de previsão para fazer negócios.
   d. O governo argentino se baseou na armadilha de estimativa e de previsão de um ataque britânico para buscar uma alternativa que pode ser de alto custo. Poderia investigar melhor o cenário quanto aos movimentos britânicos antes de inflacionar preços de produtos.
   e. Jorge Vargas não detém o poder de autoridade.

5. Assinale a alternativa que NÃO completa a afirmativa a seguir.
   Nas negociações, poder e decisão são _____.
   a. aspectos fundamentais do processo, sendo que o poder é sempre exercido em algum nível e a decisão nem sempre ocorre, pois não se chega a um acordo em todas as negociações.
   b. posicionamentos que o bom negociador deve tomar dentro de aspectos ligados à legitimidade e nos restritos níveis da sua alçada de decisão.
   c. aspectos acessórios, pois negociar é um processo simples e quase nunca precisamos decidir.
   d. relativos, sendo que o poder é inerente ao comportamento humano e a decisão é tomada independentemente dos resultados, já que se pode, inclusive, decidir por não chegar a um acordo.
   e. procedimentos que sempre estão presentes numa negociação e no dia a dia das pessoas.

(8)

Ética, conflito e negociação

Jorge Alexandre Vanin

Como o assunto deste estudo é o processo negocial, nosso compromisso é apresentar aqui todos os ingredientes envolvidos. E, como tal, não podemos deixar de fora a questão da seriedade e do cumprimento da lei e dos costumes, dada a influência que as negociações exercem para as mudanças sociais. Se isso é verdade, não podemos pensar em negociar algo sem que isso seja feito com base em conceitos éticos.

Mas é simples agir assim? Afinal, ser ético, alguns podem pensar, é no mínimo obrigação, já que envolve cumprimento da legislação. E cumpri-la será suficiente para nos comportarmos eticamente nas negociações? Para responder a questões como essas, será necessário definirmos o que é ética. Uma afirmação já podemos fazer: não se trata apenas do que é legal. Há outras variáveis que vamos estudar aqui.

E os conflitos, de onde surgem? Como conduzi-los de forma a transformá-los em um acordo? Por que eles surgem aqui? Na verdade, veremos adiante que, quando existem conflitos que decorrem de situações contraditórias, podem ocorrer tentativas de superá-los por meio de procedimentos não recomendados. Por essa razão, esse assunto surge aqui, ao lado do tema "ética nas negociações".

Continuamos nossa viagem trabalhando conceitos de ética e procedimentos para que conduzamos negociações de forma correta. Quanto ao conflito, nossa preocupação será identificá-los e ver formas de superação, objetivando um resultado que seja proveitoso para todos os envolvidos.

(8.1) Ética nas negociações

Devido à amplitude e à abrangência da ética na sociedade, cada autor pesquisado apresentará, com a sua própria linguagem, o conceito que entende ser mais apropriado. Entretanto, apesar da retórica a respeito, não poderemos deixar de compreender seu sentido maior, que é distinguir o certo do errado ou, se preferirmos, o que é bom ou ruim.

A seguir apresentamos o conceito de ética atribuído por alguns dos autores estudados para constituir este trabalho. Andrade et al. (2004, p. 17) classificam-na assim: "Ética é a ciência dos costumes ou dos atos humanos, e seu objeto é a moralidade, entendendo-se por moralidade a caracterização desses mesmos atos como bem ou mal. O dever, em geral, é objeto da ética". Já Mello (2005, p. 28) vê a ética da seguinte forma: "A ética como exercício da razão surgiu no mundo há 25 séculos com a finalidade de dirimir dúvidas entre comportamentos certos e ações erradas na busca de uma forma que permitisse ao ser humano viver em sociedade, respeitando e sendo respeitado". Novamente Andrade et al. (2006, p. 35), em outra obra com enfoque em negócios internacionais, apresentam o seguinte conceito sobre ética:

> *Diferente da filosofia moral e do desenvolvimento moral individual, o clima ético diz respeito a um conceito de organização; portanto, o pensamento ético pode variar relativamente ao uso do conceito de uma organização como referencial. O ideal organizacional é formado de valores que criam um imaginário organizacional em que vários aspectos precisam ser considerados, o que irremediavelmente leva ao clima que permeará o relacionamento entre as pessoas.*

Lewicki et al. (2002) definem assim a ética nas negociações: "Ética são padrões sociais amplamente aplicados sobre o que é certo ou errado em uma situação em particular, ou um processo para fixar esses padrões. Tais padrões diferem de moral, que são convicções individuais e pessoais sobre o que é certo e errado.

A ética procede de filosofias em particular as quais pretendem (a) definir a natureza do mundo no qual vivemos e (b) prescrever regras para vivermos juntos".

Vejamos agora a visão de DuBrin (2006, p. 69) sobre ética: "[...] as escolhas morais que uma pessoa faz e o que essa pessoa deveria fazer. A ética se baseia nas crenças do indivíduo sobre o que é certo e o que é errado ou o que é bom e o que é mau".

Sobre o enfoque da diversidade da ética, apresentamos o que esclarece Robbins (2008, p. 141):

> *O que é entendido como uma decisão ética na China pode não o ser no Canadá. O motivo disso é que não existem padrões éticos globais. A comparação entre a Ásia e o Ocidente ilustra esta questão. Como as propinas são comuns em países como a China, um canadense que trabalha lá poderá enfrentar o dilema: devo pagar propina para assegurar um negócio, já que é uma prática aceita pela cultura local?*

O conceito de ética é variável, de acordo com a cultura dos povos.

Observamos que quase todos se referem à ética como o discernimento do que é certo e do que é errado, com o que, portanto, devemos concordar. Porém, nesse ponto tem início a polêmica maior: o que é certo para alguns não o é para outros. O conceito de certo e errado sofrerá variações, dependendo dos interesses que estão em jogo e na negociação observamos que a base dela são os interesses.

Como geralmente o final de uma negociação é a tomada de decisão, quando caminha para o fechamento e o acordo, se o processo foi conduzido eticamente, ainda existe o risco de ocorrerem problemas nessa etapa. Desse modo, DuBrin (2006) sugere três critérios para tomada de decisões éticas. Segundo o autor, devemos avaliar: 1) as consequências; 2) os deveres, as obrigações e os princípios; e 3) a integridade. A seguir, detalhamos esses itens:

- CONSEQUÊNCIAS – Devemos observar se os efeitos da decisão não prejudicam ninguém, ou seja, se sua utilidade apresenta resultados considerados corretos para todos os envolvidos.
- DEVERES, OBRIGAÇÕES E PRINCÍPIOS – Envolve novamente os efeitos da decisão sob aspectos ligados à honestidade, à imparcialidade, à justiça e ao respeito pelas pessoas e pela propriedade. Prioriza esses valores em relação aos efeitos da decisão. O autor cita ainda outros, como o direito à privacidade e à segurança. A decisão que viola um desses princípios é desprovida de ética.
- INTEGRIDADE – Diz respeito ao tomador da decisão e ao seu comportamento. Se ele possui caráter e decidiu amparado por motivações justas, podemos concluir que agiu eticamente.

E quando nos deparamos, numa negociação, com atitudes não éticas, como proceder diante da incerteza do que é ou não ético? Mello (2005, p. 140), ao apresentar alguns exemplos de negociações em que compradores fazem afirmativas inverídicas quanto a preços menores na concorrência, posiciona-se da seguinte forma: "Lidar com táticas não éticas como essas é normalmente extenuante, mas faz parte da vida do negociador. A primeira questão a ser levantada é a real necessidade de negociar com pessoas ou organizações reconhecidamente não éticas. Se você tem um fornecedor ou cliente que se mostra não ético, o ideal é não negociar".

Esse autor apresenta algumas táticas aplicadas em negociações que considera não éticas e orienta como devemos agir quando nos deparamos com uma situação como essa:

- Tentativa de suborno – A reação natural é a rejeição muitas vezes exacerbada: o ideal é manter a calma, mas rejeitar com firmeza, mantendo canais abertos para futuras negociações, de forma que fique clara a intenção de conduzir negócios com seriedade.
- Confusão provocada – Encontrar-se com um negociador que propositadamente apresenta grande volume de dados de forma desorganizada com o objetivo de confundir o outro lado, utilizando instrumentos de pressão como prazos apertados ou pouco interesse em negociar. Geralmente ocorre com negociadores que não têm interesse em manter transações no longo prazo. O comportamento recomendado é manter a calma, deixar claro que não há condições de negociar naquela situação e marcar um novo encontro solicitando melhores informações.
- Tática da "escalada" (ou mordida) – Refere-se à apresentação de alegação das condições ou outra demanda depois de ter fechado o acordo. Decorre, muitas vezes, de avaliação posterior, quando o outro negociador imagina que poderia ter obtido mais vantagens naquela negociação. Nesse caso, devemos demonstrar surpresa e decepção. Como forma de fazê-lo refletir, você pode ser firme e deixar claro que, se ele necessita de alterações, isso será possível desde que você também possa apresentar outras exigências.
- Tática de "Pressão" – Trata-se de uma tática de manipulação pela qual o outro negociador utiliza suas posições para tentar interpor seus argumentos. Aproveitar-se da sua linguagem e tentar utilizá-la com o objetivo de obter vantagens é um comportamento não recomendável. Nesse caso, devemos ser firmes e abrir o jogo quanto a se sentir manipulado. Uma alternativa é, em contrapartida, utilizar as informações obtidas na discussão contra ele, mas isso significa entrar no jogo, e assim nos comportarmos também sem ética, o que deve ser evitado.

Mello (2005, p. 142) afirma sobre a dificuldade de abrir ou não o jogo que "uma questão está sempre presente: é conveniente mostrar ao outro que você sabe que ele está aplicando táticas não éticas? A resposta mais uma vez é: depende da situação. Pense em seus objetivos: se você concluir que é mais fácil atingi-los denunciando o uso de táticas não éticas, faça. Caso contrário, é melhor não abrir o jogo".

Dentro do tema "negociação", no qual não se aplicam fórmulas padronizadas, o assunto "ética" é mais uma faceta de grande importância, por envolver valores e definir sobre a seriedade dos processos. Neste trabalho, ficamos por aqui, sem a intenção de esgotá-lo, porém sua amplitude e sua abrangência proporcionam um grande espaço para pesquisa e aprofundamento, sendo necessário que os alunos estejam atentos, pois os conceitos de ética acompanham a evolução legal dos paises, a qual também é dinâmica.

(8.2) Conflito e negociação

Andrade et al. (2004, p. 23) dizem que "o termo *conflito* pode ser definido como 'uma luta por valores e reivindicações de *status,* poder e recursos escassos, em que o objetivo dos oponentes consiste em neutralizar, lesionar ou eliminar os rivais'". Eles prosseguem esclarecendo que não deixa de ser uma forma de interação, com características de competição mais acirrada.

O conflito apresenta duas características básicas: a divergência, em caráter intencional e racional, e a intransigência de uma ou das partes, que se transforma em recíproca, sobre algo em que as partes tenham contradição. É preciso lembrar que tanto o processo de cooperação quanto o de conflito nascem naturalmente na estrutura social e alteram substancialmente o funcionamento das relações.

Trata-se do resultado de ações estranhas ou indesejáveis, que ultrapassam o limite da normalidade, indo além dos padrões de conduta considerados normais. Essas ações têm intenções estratégicas de uma ou de outra parte e podem se referir a impedimento de ações da outra parte, à realização de propósitos, ainda que contra necessidades, a interesses e a conveniências da outra parte. Também podem visar ao atingimento da outra parte pela via da retaliação sem a preocupação de resultados efetivamente positivos. Ou seja, muitas vezes um promove o conflito, ciente até de que terá prejuízos financeiros, mas objetiva criar problemas maiores para o outro.

Robbins (2008, p. 373-374) assim define conflito: "Podemos definir conflito, então, como um processo que tem início quando uma das partes percebe que a outra parte afeta, ou pode afetar negativamente, alguma coisa que a primeira considera importante". Esse autor admite três visões de conflito, que implicam a evolução da visão do conflito. A primeira é a que vê o conflito como algo que deve ser evitado, essa é a visão tradicional. Evoluindo, surge a visão das relações humanas, que considera o conflito uma consequência natural nos relacionamentos grupais, e não é visto como algo ruim. Pode até ser uma força no sentido do crescimento dos grupos. A terceira é a visão interacionista, que entende que o conflito não só é algo positivo como é necessário e motivo de incentivo de crescimento dos grupos.

Observamos que essa visão se refere aos relacionamentos internos, porém o autor defende que a solução de conflitos ocorre pelos processos de negociação, depois de passada a fase crítica que surge no auge do processo conflituoso.

Lewicki et al. (2002, p. 254-255) apresentam cinco estratégias que consideram como principais para redução de conflitos. São elas:

1. *reduzir a tensão e administrar a desintensificação da hostilidade;*
2. *aumentar a comunicação, particularmente melhorando o entendimento de cada parte sobre a perspectiva da outra;*
3. *controlar o número e o escopo dos assuntos em discussão;*
4. *estabelecer uma área de concordância na qual as partes possam encontrar uma base de acordo;*
5. *aumentar o desejo pelas opções e alternativas que cada parte apresenta ao outro.*

Durante uma situação de conflito, qualquer processo de negociação adquire mais dificuldades, os canais de comunicação ficam obstruídos, a atmosfera fica carregada, os assuntos originais e as suas divergências adquirem mais complicadores do que soluções, principalmente quando uma das partes inclui novos dificultadores em vez de encontrar soluções. A percepção, conforme o tempo passa, é de aumento das dificuldades e com a falta de diálogo as partes vão se fechando cada vez mais.

O caminho para a busca de solução dos conflitos é um processo de distensão. Ele tem início com uma etapa de liberação da tensão pelo reconhecimento do sentimento dos outros, de escuta ativa das razões e tentativa de compreensão das razões da outra parte. Para isso, uma das alternativas é interromper o contato das partes conflituosas e solicitar a interferência de um mediador que esteja fora do conflito. Com isso se promove uma retomada da comunicação, quando é possível pensar na negociação de concessões. Procura-se aqui decompor os grandes problemas, tratando algumas das suas partes, e criar uma agenda para solução das etapas faltantes, por meio de acordos sobre as regras e os procedimentos.

Este conjunto de procedimentos cria alternativas aos negociadores, de forma a conduzir a uma distensão, muitas vezes lenta porque o conflito sempre tem sequelas que demandam tempo para serem dissolvidas. Mas os negociadores ficam em melhores condições de solver o conflito, encaminhando-o para, ao final, obter ganhos mútuos.

A alternativa, quando essa distensão não se concretiza, é o encaminhamento das demandas para o âmbito judicial ou para um processo de mediação e de arbitragem, situação em que os envolvidos perdem a capacidade de conduzir o processo negocial.

Inserem-se aqui ainda os conflitos políticos, étnicos, entre outros que acontecem entre nações e que se encaminham para movimentos belicosos, com prejuízos indiscutíveis para todas as partes, havendo inclusive deflagração de guerras. Para esses casos, quando se chega a impasses, mas há algum espaço para busca de acordos, dependendo do vulto, muitas vezes há a interferência de países isentos e toda a sua estrutura diplomática de negociação. Muitas vezes, esse tipo de negociação requer a presença de governantes, em razão de haver a necessidade de atração da atenção de determinado bloco ou de se transformar em notícia mundial para que os ânimos sejam serenados, criando-se assim condições de distensão e, consequentemente, de diálogo. Alguns se resolvem e terminam em acordo formal e outros se arrastam por décadas, por envolverem valores culturais arraigados ao longo de séculos e permear a cultura dos povos envolvidos. Mas em todos os casos sempre ocorrem processos negociais que muitas vezes são desmembrados em etapas ou acordos parciais que, se cumpridos, evoluem para um ajuste amplo e definitivo.

(.) Ponto final

Ética e conflito são dois assuntos contraditórios e aqui foram tratados no mesmo capítulo. A intenção é dar clareza a ambos. Enquanto a ética é ampla e relativa, por envolver variáveis culturais, históricas e ser relativizada pelo comportamento humano, o conflito apresenta contornos claros, são facilmente identificados principalmente por observadores. Essa clareza, entretanto, não acontece na visão das partes por estarem profundamente envolvidas no problema e geralmente o conflito leva a retaliações e a movimentos que provocam agravamentos enquanto não houver alguma possibilidade de diálogo. Este, quando ocorre, acontece assim que a situação chega a um ponto crítico, o que torna a reversão sempre complexa. Promover essa reversão é uma atividade negocial que requer, dependendo da amplitude do conflito, muita perspicácia, com etapas muito bem planejadas e movimentos minuciosamente calculados. Passos em falso na condução de reversão de um processo de conflito podem provocar tensões com prejuízos ao processo.

Em relação à ética, vimos que, embora o assunto seja indefinido e muito relativizado, apresenta como característica básica – na visão de vários autores citados – tratar-se da crença sobre o que é certo ou errado. E aqui se abre essa discussão, já que essa visão varia de pessoa para pessoa. É, portanto, como concluímos, um assunto inesgotável e que necessita do desenvolvimento das pessoas e do seu sentido de justiça, de boa convivência social, inclusive nos negócios, em que cada um procura obter ganhos. Se houver ética, o resultado desses ganhos deverá se limitar ao ponto em que apresentem como resultado também a satisfação das demais partes envolvidas.

Atividades

1. Assinale a afirmação INCORRETA sobre ética:
   a. São padrões sociais que analisam o que é certo ou errado.
   b. É um assunto ausente nos processos negociais.
   c. Nas negociações, o resultado é considerado ético quando é benéfico para todas as partes envolvidas.
   d. É a ciência dos costumes e das atitudes humanas que regula o comportamento social.
   e. É um assunto conceitualmente amplo e relativo porque o certo e o errado variam entre as culturas.

2. Assinale a alternativa que NÃO completa a frase a seguir.
   Nas negociações, a ética é _____.
   a. fundamental; caso não se negocie com ética, pode não se chegar a um acordo que seja bom para todos.
   b. o elemento balizador do comportamento dos negociadores, em se tratando de uma discussão lícita com objetivos positivos.
   c. um comportamento nem sempre possível de ser requerido de todos os envolvidos no processo.
   d. uma visão relativa do certo ou errado, mas deve permear a discussão.
   e. imprescindível, mas não deve inibir as estratégias dos negociadores.

3. Quanto à ética e sua relação com conflito, assinale a alternativa INCORRETA:
   a. Os conflitos podem ocorrer por divergências culturais, independentemente da ética.
   b. Os conflitos podem ser suavizados e relativizados, se houver ética entre os envolvidos na discussão.

c. Nas discussões de uma situação conflituosa, a inexistência de ética é fator de agravamento do conflito.
d. Se houvesse ética em todas as relações, não existiria conflito.
e. Conflito e ética parecem ser assuntos antagônicos, mas as discussões baseadas em posicionamentos éticos tendem a distender os conflitos, facilitando sua solução.

4. Assinale a alternativa INCORRETA:
    a. O conflito apresenta duas características básicas: divergência e intransigência.
    b. O conflito, na visão atual dentro das organizações, é algo positivo e proporciona o crescimento.
    c. Na visão tradicional, o conflito nas organizações é algo a ser evitado.
    d. O caminho para a busca de solução dos conflitos é um processo de distensão.
    e. Conflitos são situações tensas e irreversíveis.

5. Assinale a alternativa INCORRETA, no que diz respeito à diluição de conflitos:
    a. Tem início por meio do desconhecimento do sentimento dos outros.
    b. Prossegue pela escuta ativa das razões e tentativa de compreensão das razões da outra parte.
    c. Pode ser necessária a interferência de um mediador que terá mais clareza e discernimento por não estar emocionalmente envolvido.
    d. Pela mediação passa-se a promover uma retomada da comunicação quando se pode pensar em negociar concessões.
    e. Procura decompor os grandes problemas, tratando algumas das suas partes e criando uma agenda para solução das etapas faltantes.

(9)

Comportamento e táticas
na negociação

Jorge Alexandre Vanin

Aqui trataremos dos aspectos comportamentais que podem proporcionar vantagens ou facilitar o processo de fechamento de um processo de negociação. Táticas de barganha, administração do tempo, concessões e posturas – que podem ser facilitadoras ou dificultadoras, dependendo dos interesses – são aspectos importantes que devem ser analisados, qualquer que seja a estratégia adotada e de acordo com o nível de interesses envolvidos.

Outras questões como abrir ou não o jogo, quando e como, uso da informação e aproveitamento das informações colhidas da outra parte dentro dos limites da ética são aspectos importantes que devem ser utilizados para um bom desempenho, com a intenção de obter o melhor resultado possível.

Todas as ferramentas comentadas aqui visam à conclusão do processo. O que não significa que tenha de haver ganhadores e perdedores. O ideal é buscar ganhos mútuos. E isso acontece quando os negociadores procuram eliminar entraves e trabalham no sentido do acordo, por ser interessante a todos. Vamos prosseguir analisando tais ferramentas.

(9.1) Características e comportamentos

Para que um negociador tenha a capacidade e a percepção para agir com a tática certa, no momento certo, ele precisa, antes de tudo, possuir algumas características que o preparam para o inesperado. Vejamos o que nos diz McCormack (2005, p. 16) sobre um aspecto comportamental básico:

> Muitas pessoas não conseguem aguentar quando uma discussão dá uma guinada de noventa graus ou quando os temas discutidos escapam dos limites estabelecidos. Elas estão de tal forma travadas em sua posição que não se dão conta que as circunstâncias podem se alterar no meio de uma transação, anulando todos os acordos anteriores. Um negociador de talento é capaz de lutar e improvisar.

Essa é uma postura que podemos classificar como prerrequisito ao bom negociador. Há outras que o mesmo autor prescreve, que são definidas como necessárias para o desenvolvimento de um bom papel como negociador. Com base nelas, certamente o profissional terá mais condições de utilizar táticas e conduzir processos com movimentos que terão maior credibilidade e favorecerão bons acordos.

Uma delas é a integridade. Se o profissional for reconhecido por apresentar essa característica, fatalmente seus argumentos terão maior aceitação, porque têm credibilidade. Essa característica é construída ao longo do tempo e, como qualquer conceito de imagem, pode ser destroçado em um episódio em que a mesma pessoa se apresente de forma antiética.

Outra característica é quanto à perspicácia. Não significa que você precisa ser a pessoa mais esperta entre os envolvidos. Ao contrário do que rotineiramente ocorre, o ideal é parecer não ser tão esperto assim e começar discutindo os pontos básicos, aqueles que geralmente são considerados resolvidos, mas que muitas vezes, ao serem repassados, podem apresentar detalhes que não surgiriam se esses pontos não fossem repassados.

O bom negociador deve apresentar, segundo o mesmo autor, as seguintes características: capacidade de ler a mente das pessoas para entender seus comportamentos, ser competitivo, íntegro e conhecer amplamente cenários e saber dar valor aos detalhes.

Outras três atitudes fundamentais que precisam ser detalhadas: ser paciente, ter uma visão clara sobre o processo em que se está trabalhando e possuir profunda atenção e um bom conhecimento de detalhes. A paciência é uma grande arma dentro do processo negocial. Se levarmos em conta que a maioria dos negociadores tem metas preestabelecidas pelas estruturas que representam e prazos geralmente apertados, não entrar nesse jogo e ouvir seus argumentos pacientemente será uma grande fonte de informações e de concessões, já que do outro lado está alguém que precisa cumprir prazos e metas. A clareza tem forte ligação com a capacidade de visão de cada um de nós. Aquele que dispõe desse senso de visão mais ampliado – que inclui boa memória e percepção de detalhes –, aliado à já citada paciência, tem no momento da discussão o processo todo na memória. Essa postura promove uma visão privilegiada do todo, com evidentes benefícios.

(9.2) Táticas

Seria bom que do outro lado da mesa de negociações estivesse sempre alguém com quem simpatizamos, um amigo que certamente concordaria entusiasticamente com nossa proposta, além de repassá-la adiante, transformando-a em um grande sucesso. O problema é que as coisas não são assim e as pessoas que estão do outro lado não têm esse perfil tão perfeito, além de estarem defendendo outros interesses. Como em geral há hostilidade e necessitamos negociar com "clientes imperfeitos", algumas táticas são úteis para facilitar nossos propósitos.

Vamos enumerar algumas:

- CONTINUAR NO JOGO – Devemos negociar com a percepção de que se trata de algo similar a uma partida de tênis – o jogo não termina por tempo, mas sim por pontos. Você pode estar inferiorizado na disputa, mas o adversário não ganhou o ponto final. Enquanto essa situação perdurar, você está vivo e existe a possibilidade de o jogo se reverter. Outro aspecto importante, considerando que temos tempo – se o oponente for poderoso, é não se deixar impressionar. Psicologicamente você se reforça se houver concentração nos seus objetivos.
- MARGENS DE BARGANHA – Jamais se deve revelar sua melhor oferta. Se ela for do conhecimento da outra parte, não há razão para lhe oferecerem mais. Entre o mínimo absoluto e o máximo aceitável, a segunda é a melhor alternativa. Basta ser preciso e justo que acabarão pagando o preço justo. E, se você já tem a imagem de uma pessoa confiável, melhor.

- Preço não é tudo – Sabemos que muitos negócios têm seu preço ajustado e o acordo não é fechado. Na maioria das vezes o produto, o prazo de entrega, as especificações e a qualidade são primordiais.
- Quanto mais hipóteses melhor – Alguns posicionamentos que podemos adotar: "Imaginemos esta situação ao inverso" ou "Coloque-se no meu lugar e imagine se...", "Estou tentando imaginar, se eu fosse você...", "Em vez de lhe dar esse desconto, quem sabe incluímos mais este acessório" (o que pode estar parecendo uma concessão pode estar incluindo a venda de mais um item, já que eu dispunha de uma margem). Essas formas de posicionamento indicam um gesto de boa vontade, que tentamos nos colocar no lugar do outro e incluir benefícios, hipoteticamente.
- Procurar alternativas com vistas ao fechamento, e não entraves – Tentar conseguir uma concessão a cada concedida pode ser exaustivo e limitador. Lembre que há limites. O ideal é oferecermos uma concessão deixando claro que ela será o fator determinante para o fechamento. Esse posicionamento inibe a possibilidade de contraproposta e define a negociação.
- Nunca diga o que você jamais faria – Por uma simples razão, é possível que você tenha de fazê-lo logo adiante, o que o desmoralizará e o deixará enfraquecido em uma próxima rodada.

Ainda no campo das táticas, as que seguem são extraídas de Fisher et al. (2005), cuja obra trabalha posturas de como chegar ao "sim" nas negociações. É importante registrar a lisura desse texto, que tem como atributo principal tratar da modalidade de negociação baseada em princípios e que tem sua utilidade nos mais variados tipos de relacionamentos.

> *A negociação baseada em princípios pode ser usada pelos diplomatas dos Estados Unidos nas conferências sobre controle de armamentos com a ex-União Soviética, pelos advogados de Wall Street que representam as empresas relacionadas entre as 500 maiores da revista Fortune nos processos antitruste, e pelos casais ao tomarem qualquer decisão, desde onde passar as férias até como dividir seus bens caso se divorciem. Qualquer um pode usar este método.*

Tal posicionamento implica afirmar que as táticas extraídas de uma obra construída com esse conceito podem ser tranquilamente adotadas por não subsistirem dúvidas quanto à sua consistência.

Segundo os autores, sem comunicação não há negociação. E no processo de comunicação há três grandes problemas: 1) os negociadores podem não falar um com o outro; 2) mesmo que conversem, talvez o outro não o escute; e, 3) se ele o escuta, pode haver mal-entendidos. Cuidar da comunicação na negociação não se trata de uma simples tática, mas de um preceito fundamental. Para que a comunicação não seja um entrave, é importante clarificar, durante o processo de discussão, determinadas situações com paradas do tipo: "Deixe-me ver se eu entendi"; "Você poderia me transmitir como entendeu?"; "Segundo seu ponto de vista, a situação é a seguinte...". É importante escutar atenta e ativamente e registrar o que está sendo dito. Em contrapartida, também devemos falar claramente, sem polarizar a negociação.

Apesar de se tratar de uma obra que concentra seu foco nos princípios, os autores esclarecem que esse fato não implica na orientação no sentido de fazer doações ou não obter vantagem nas negociações. Assuntos como agir ou não com justiça e todo o processo de decisão a respeito também são tratados nela. Nesse sentido, caso seja possível obter altos ganhos numa negociação baseada em princípios, a pergunta que devemos nos fazer é se aquela decisão incomodou nossa consciência.

Outra obra que trata de táticas, escrita pelos autores Lewicki et al. (2002), apresenta aspectos táticos da negociação que permitem facilitar o fechamento de negócios com ganhos mútuos. Apresentamos a seguir alguns deles:

- INVENTAR OPÇÕES GERANDO SOLUÇÕES ALTERNATIVAS – É uma tática que requer conhecer as necessidades mínimas dos envolvidos e, a partir delas, sugere-se agregar valor à proposta oferecendo acessórios, mais prazo de pagamento, redução do prazo de entrega, melhoria da qualidade, alongamento de garantia etc.
- AMPLIAR O BOLO – A partir da base da negociação, por meio de um processo de comunicação facilitado pelas partes, pode-se descobrir que outras questões estão sendo negociadas com outros fornecedores sem que o comprador se dê conta de que está na sua frente um fornecedor potencial daquele outro item. Incluir um novo item no processo de negociação poderá facilitar o negócio para ambas as partes, podendo, em razão desse ganho, haver mais concessões do que originalmente estava planejado.
- PROPOR TROCA DE FAVORES – Trata-se de uma espécie de concessão mútua que não envolve valores, mas a possibilidade de um benefício como uso temporário de um determinado equipamento sem ônus, como forma de fornecer o produto contratado em prazo menor concedendo por isso um atendimento diferenciado.
- ACHAR UMA SOLUÇÃO "PONTE" – O acordo está difícil de ser fechado, os negociadores discutem, um tenta se colocar no lugar do outro e as hipóteses são colocadas na mesa, até que surge, no processo de comunicação e troca de informações, uma terceira via que atenda ambas as necessidades.

Os autores oferecem ainda outra série de alternativas que sempre devem ser lembradas com o intuito de favorecer o fechamento de acordos e evitar problemas posteriores como:

- estreitar a gama de opções de solução, quando a variedade de alternativas atrapalha mais do que favorece;
- aceitar os critérios antes de avaliar as opções, posição que favorece o encaminhamento de assuntos polêmicos;
- avaliar soluções com base na qualidade e na aceitabilidade; ouvir as pessoas que se beneficiarão da decisão ou que utilizarão os produtos negociados;
- estar disposto a justificar preferências pessoais. Sempre é útil justificar a aceitação por razões de gosto pessoal, expondo-os. Tal postura cria um sentimento positivo e gratificante entre os envolvidos na negociação, por transmitir resultados positivos ao processo negocial, quando ele se conclui;
- tomar um cuidado especial com aspectos intangíveis aceitos na negociação: é sempre importante avaliar se eles têm efetiva utilidade, caso contrário aceitar uma concessão de algo intangível que não tem utilidade compromete a imagem do negociador perante seus superiores;
- quando as opções são inúmeras e complexas, organizar a negociação em subgrupos, para evitar se submeter à tática da confusão proposital, já citada anteriormente;
- em situação de ânimos exaltados, propor uma parada estratégica para oxigenação do ambiente. Esse procedimento proporciona a retomada do raciocínio e aguça a criatividade, trazendo, no retorno, ideias novas ao processo em discussão;
- explorar as diferenças de preferências de tempo, muitas vezes uma proposta tem determinado preço em razão de que o prazo de entrega é o mais curto do mercado; porém, isso provoca ônus ao preço e a entrega mais rápida não faz diferença para o comprador;
- cumprir acordos parciais sempre; muitas vezes, para se efetivar um negócio maior, são acertadas etapas experimentais menores, que são tão ou mais importantes do que o fechamento do acordo principal porque, se não forem cumpridas, possivelmente não haverá oportunidade de se negociar e chegar ao acordo principal;
- facilitar ou reduzir as formalidades, durante a negociação, até que se tenha o fechamento final: isto evita gastos de energia intermediária, desonerando a atenção dos participantes, que permanecerão focados no objetivo principal, o que favorece o atingimento do objetivo maior.

Observamos neste capítulo uma sequência de comportamentos que chamamos de *táticas*, algumas construtivas e outras que objetivam enfraquecer a outra parte. Como negociar não é um processo estanque e padronizável, conhecê-las auxiliará a nos fornecer alternativas a serem utilizadas oportunamente.

Para encerrar, apresentamos a visão de Wanderley (2009) sobre a negociação com característica de ganhos mútuos, cuja texto sugere algumas táticas com esse objetivo:

> *Existem alguns princípios que devem ser seguidos pelos negociadores eficazes, na busca do ganha/ganha. Um dos mais importantes é o de que "o problema do outro não é só problema do outro". Assim, os negociadores agem como se fossem solucionadores de problemas comuns, sendo a palavra problema entendida na sua forma mais ampla, compreendendo desde conflitos e antagonismos, até ganhos a serem auferidos conjuntamente. Desta forma, a expressão "cada um por si", não tem espaço e, não faz o menor sentido.*

(.) Ponto final

Este capítulo trouxe novamente a preocupação dos aspectos comportamentais, fundamentais nos processos de negociação em qualquer nível. Devemos lembrar da impossibilidade de padronização e que os processos negociais são conduzidos por seres humanos, cada um com sua formação e nível de preparo diverso.

Em uma segunda etapa, foram apresentadas táticas para subsidiar os negociadores na condução dos processos sob sua responsabilidade. Esse assunto também não se esgota aqui em razão da diversidade que é o processo negocial. Porém, ao estudá-las, estamos mais bem preparados para obter melhores resultados nas negociações sob nossa responsabilidade.

Atividades

1. Assinale a alternativa INCORRETA sobre comportamento nas negociações:
   a. Qualquer que seja a alteração no processo, todos os negociadores estão sempre preparados.
   b. Alguns negociadores nem sempre estão preparados para alterações bruscas no processo.
   c. O processo de negociação, ao sofrer alterações significativas, expõe os negociadores, podendo ser necessários reposicionamentos, que serão tanto melhores quanto mais preparados os negociadores estiverem.

d. Negociações com alterações bruscas tendem a ficar mais complexas.

e. Os negociadores devem estar preparados para alterações bruscas nos processos de negociação.

2. Assinale a alternativa INCORRETA relativa à integridade do negociador:
   a. É uma característica desejável.
   b. O negociador íntegro gera confiança e facilita o fechamento de acordos.
   c. A integridade pode prejudicar o resultado em negociações competitivas.
   d. Integridade gera confiança.
   e. Utilizar táticas ganhadoras não significa falta de integridade.

3. Quanto à questão do tempo em uma negociação, assinale a alternativa INCORRETA:
   a. Numa negociação, ser paciente é fundamental para ver os detalhes.
   b. Ser paciente pode gerar concessões.
   c. Geralmente, o meio empresarial requer pressa por existirem metas rigorosas e prazos curtos para cumpri-las.
   d. Grandes metas com tempo limitado para cumprir desfavorecem o negociador que precisa cumpri-las se comparado ao cliente comprador que tem tempo disponível.
   e. Paciência e uso parcimonioso do tempo são situações incompatíveis.

4. "Inventar opções gerando soluções alternativas é uma tática que requer conhecer as necessidades mínimas dos envolvidos". Assinale a alternativa INCOMPATÍVEL com essa afirmação:
   a. Pode gerar uma situação de ganhos mútuos.
   b. Pode ser um processo lento e prejudicar o fechamento.
   c. Embora possa trazer mais complexidade ao processo, pode facilitar o fechamento com agregação de valor na negociação.
   d. Soluções alternativas promovem guinadas, mas podem gerar ganhos às partes envolvidas.
   e. Inventar opções é um comportamento que decorre de característica criativa dos negociadores.

5. "Cumprir acordos parciais sempre é um comportamento esperado nas negociações". Sobre isso, assinale a alternativa INCORRETA:
   a. Isso gera credibilidade para negócios futuros.
   b. São a base de futuros negócios.

c. Podem ser prerrequisito para grandes negociações.
d. Às vezes, eles podem ser deixados de lado para não tomar tempo.
e. Eles contribuem para gerar confiança entre os envolvidos.

(10)

Impasses e concessões

Jorge Alexandre Vanin

Examinados os conflitos e estudados os procedimentos de como trazer situações da espécie para um processo negocial natural, chegamos à última etapa deste estudo, na qual vamos tratar dos impasses e, com efeito, também das concessões, que servem não apenas como instrumento de solução, mas também têm utilidade nos processos negociais naturais.

Conflitos e impasses podem ser considerados problemas similares ou de mesma grandeza? Podem até guardar alguma similaridade, mas, enquanto o conflito tem aspectos de desavença, o impasse traz em si outras características. Resumidamente, podemos dizer que impasses são entraves que simplesmente estancam o processo negocial, enquanto o conflito trata de desentendimentos que podem também estancar, mas raramente o fazem.

O que fazer, então, diante de uma situação de impasse? Existem estratégias que possibilitam demovê-los e seguir adiante com o processo negocial naturalmente? Estudá-los analisando suas origens e formas é um caminho para a busca dessas alternativas. É o que veremos a seguir.

(10.1) Impasses: definição

Segundo Mello (2005, p. 124), podemos definir os impasses da seguinte forma:

> Os impasses podem ser técnicos, que são os relacionados com o objeto da negociação, ou podem ser causados por atitudes inadequadas dos negociadores e acontecem independentemente da estratégia utilizada, competitiva ou cooperativa. Segundo Richard Shell (2001), os impasses normalmente são 10% técnicos e 90% causados por atitudes inadequadas de negociação.

Mas o que são impasses? Em uma negociação há momentos de dificuldade, de interesses divergentes, o problema do tempo, as questões decorrentes da comunicação e outras ocorrências possíveis, sendo que o que efetivamente provoca paradas bruscas e "empaca" uma negociação são os impasses. São, portanto, diferenças de pontos de vista, com características de interesses contraditórios e que não permitem que o processo prossiga. Impasses podem ser desde uma situação doméstica de tomada de decisão sobre onde um casal gostaria de tirar férias, sendo que o marido gosta de montanha e a esposa adora praia, mas ambos gostariam de estar juntos nesse período do ano que é o único que permite um convívio familiar isento da correria de trabalho do resto do ano. Ou, ainda, uma discussão sobre desarmamento nuclear, quando um país subdesenvolvido trabalha com determinada tecnologia e informa que vai utilizar para fins pacíficos e energéticos enquanto a outra parte trabalha com a hipótese que utilizarão para fins bélicos e exige a sustação do processo de desenvolvimento da tecnologia naquele país. Impasses podem ocorrer em todos os níveis, quando os interesses em jogo são absolutamente incompatíveis.

Impasses técnicos, decorrentes de interesses antagônicos, muitas vezes independem da negociação ou mesmo da criatividade. Mas há os impasses causados pelas posições dos negociadores, por má estruturação prévia, inflexibilidade ou mesmo por razões emocionais.

Existe outra faceta dos impasses: eles produzem nos negociadores uma sensação de derrota, porque geralmente os negociadores dedicam grande esforço e preparação por longo tempo, envolvem-se acreditando naquele negócio que é importante para todos os participantes e no final o negócio não é fechado. Isso causa uma sensação desagradável. Situações de impasse não agradam a ninguém e todos tentam fugir delas.

Os negociadores devem tentar evitá-los pelos seguintes motivos:

- algumas empresas preferem um mau acordo a nenhum;
- é mais fácil explicar, pelo negociador, um mau acordo do que nenhum;
- dependendo das circunstâncias, empresas e negociadores investem tantos recursos e esforços que muitas vezes é preferível aceitar um acordo qualquer a nenhum;
- negociadores, não raro, são avaliados pelo número de acordos que conseguem fechar e nem sempre pela qualidade e lucratividade deles.

Para evitá-los, é necessário que, durante o planejamento da negociação, imagine-se a possibilidade de que ele ocorra e se prepare uma alternativa para evitá-lo. Além disso, nem tudo é negativo quando ocorrem impasses. Eles podem proporcionar autocrítica aos negociadores, que vão se tornando mais flexíveis e não relutam tanto em voltar atrás e se comprometerem com o encaminhamento de uma solução, conduzindo negócios com soluções comuns.

Segundo Cohen (1980), mesmo quando se procura manter a postura voltada para o consenso, é possível que as partes se defrontem com impasses durante a negociação. Em geral, o impasse decorre de conflitos entre os negociadores. Os conflitos são inerentes à condição humana. O homem conflita consigo mesmo ao tentar se superar em perfeição.

Ao considerar que a negociação, como qualquer interação, caracteriza-se pela contribuição variada e pela manifestação de diferenças individuais, torna-se comum a existência de duas manifestações que poderiam, dentro de limites razoáveis, ser tidas como positivas: a discussão e a competição. Ao se agravarem, entretanto, podem se degenerar e se transformam em impasses.

Existem muitas situações em que as necessidades das partes não estão realmente em oposição, apenas vistas por ângulos diferentes. Se, em vez de tentar derrotar uns aos outros, as partes resolverem derrotar o impasse, todos podem se beneficiar. Confirmamos aqui a visão da criação de impasse por atitude inadequada do negociador.

Outro aspecto relevante a ser considerado nas negociações é a questão cultural. Seu desconhecimento pode promover impasses, de acordo com Robbins (2008). Segundo ele, o aspecto cultural parece relevante. Os franceses, por exemplo, gostam de conflito que não raro levam a impasses e muitas vezes são vistos agindo contra os outros. Como consequência, negociações com eles podem demandar muito mais tempo. Os chineses são adeptos do alongamento das negociações e, muitas vezes, quando se tem a impressão de que o acordo está próximo, retomam as discussões iniciais para revisar. Os norte-americanos gostam de acordos rápidos, mas são adeptos à formação de relacionamentos de amizade: conhecendo esse aspecto, é vantajoso alongar o processo, buscando um relacionamento de amizade, o que poderá trazer vantagens. Por outro lado, se isso não ocorrer, esse procedimento poderá gerar impasses.

(10.2) Solucionando impasses

Apesar de eles ocorrerem, existem interesses comuns e a situação precisa ser resolvida. Certamente a decisão de manter os mesmos interlocutores não será solução para um impasse, já que, se chegou nesse ponto, certamente houve de alguma forma falta de habilidade ou mesmo de empatia entre os negociadores.

Nesse caso, uma alternativa é contar com a ajuda de uma terceira pessoa, que certamente estará desprovida da emoção ou das tensões que os antigos negociadores constituíram no período de discussões. Há quatro estruturas disponíveis no mercado, que podem intervir, se convidadas a atuar, no sentido de assumir a discussão com vistas à solução. São elas: o mediador, o árbitro, o conciliador e o consultor. Algumas características:

1. MEDIADOR – Para ser eficaz é preciso ser um profissional reconhecidamente neutro. Essa figura funciona melhor quando o nível de conflito gerado nas discussões não é muito alto. É contratado pelas partes, que devem estar preparadas para a barganha e as concessões.
2. ÁRBITRO – É um terceiro com autoridade constituída legalmente para conduzir um acordo. É uma alternativa à justiça do Estado, e as suas decisões são respaldadas em lei. O limite da sua autoridade varia de acordo com as regras estabelecidas previamente à sua participação no processo em discussão. Essa sistemática é muito utilizada em divergências nos negócios internacionais, devido à ausência de burocracia e à rapidez com que as decisões são tomadas, com redução de custos e ganho de tempo, pois os processos fluem com maior velocidade.
3. CONCILIADOR – Os conciliadores têm na prática um papel que vai além do simples elemento de ligação da comunicação. Eles também se dedicam a levantar os fatos, a interpretar as mensagens e a persuadir os oponentes a chegarem a um acordo. Também o uso do conciliador é uma sistemática amplamente utilizada em impasses gerados em transações internacionais, questões trabalhistas, assuntos comunitários e familiares.
4. CONSULTOR – Trata-se de alguém com elevado nível de conhecimento na administração de conflitos. Seu papel preponderante não é solucionar o

impasse, mas, sim, melhorar as relações entre os interlocutores para que retomem as discussões. Apresenta, portanto, uma abordagem com visão de longo prazo porque trabalha no sentido de ajustar relacionamentos.

No Brasil, mediação e arbitragem foram regulamentados por lei na década de 1990, e as decisões emanadas nas câmaras formalmente constituídas têm validade e amparo legal. A legislação nacional passou a ser uma necessidade, a partir da regulação da mediação e arbitragem por parte da Organização das Nações Unidas (ONU), que, por meio da sua estrutura jurídica, regulou os preceitos da mediação com alcance a todos os países-membros, de forma a criar condições de participação no comércio mundial.

Outras formas de encaminhamento dos impasses, conduzidas por encaminhamentos informais, são táticas que podem produzir efeitos que vão desde a distensão até o retorno às negociações normais. São elas:

- Procurar conhecer amplamente as causas do impasse – Descubra a ótica do outro negociador sobre o problema e compare-a com a sua.
- Propor uma pausa – Insistir em situações de impasse só agrava o problema.
- Saída honrosa – Deixar uma saída honrosa para a outra parte, porque ninguém gosta de sair perdedor.
- Mudar os negociadores – Ou ao menos trazer componentes novos. Às vezes, o problema é decorrente de questões interpessoais.
- Alterar as condições da negociação – Oferecer maior prazo, vantagem adicional, esquemas de pagamento etc.
- Deixar de lado o item que gera o impasse – Prossiga com os itens que estão pacificados: muitas vezes a solução, com esse procedimento, surge naturalmente adiante.
- Propor mudança de local das negociações – A mudança de ambiente pode oxigenar ideias.
- Organizar a negociação em grupos similares – Profissionais da mesma área têm maior facilidade de diálogo e compreensão.
- Usar a medição de pessoas fora do processo – A ausência de envolvimento na discussão pode trazer ideias novas e facilitar a criatividade.
- Perguntar à outra pessoa o que faria em seu lugar – Essa ideia certamente desanimará a outra parte e a colocará em ação a seu favor, com vistas a superar o impasse.
- Usar o bom humor – Se usado na medida certa, poderá descontrair a tensão existente no ambiente.

- PROCURAR NÃO RESPONDER AGRESSÕES COM OUTRAS AGRESSÕES – Evitar que a discussão saia do plano racional é sempre a melhor alternativa para dissolver impasses.
- ENFATIZAR AS CONCORDÂNCIAS ANTERIORES – Evitar repassar as discordâncias e destacar os pontos em que você cedeu como forma de atrair concessões da outra parte.

Impasses decorrentes de conflitos, se não solucionados entre as partes através dessas e de outras táticas, bem como pela mediação e pela arbitragem citadas, têm ainda como alternativa a busca de solução na justiça oficial. Essa alternativa, entretanto, tem se mostrado ineficiente, em razão do tempo demandado na tomada de decisão. Além disso, as decisões são unilaterais e indiscutíveis quando definidas em última instância. Cabe registrar que, quando os impasses são encaminhados a este tipo de decisão, os envolvidos perdem totalmente o poder de negociação e, em geral, as soluções são técnicas e baseadas na estrutura legal de cada país.

E, se nada disso resolver, relembramos que há no campo das concessões. Vejamos o que sugere McCormack (2005, p. 158) a esse respeito, sob o título *Transformando concessões em vitórias*:

> Embora duas negociações nunca sejam exatamente iguais, todas têm algo em comum. Em algum ponto, espera-se que você faça uma concessão.
> Não há nada de errado nisso. Afinal, negociação é "dar e receber". Dar faz parte do exercício.
> Infelizmente, muitas pessoas têm problemas com esse aspecto. Consideram qualquer concessão uma admissão de fraqueza ou fracasso, como se conceder um item as obrigasse a fazer o mesmo em todos os itens seguintes. E então, teimosamente, se recusam a ceder em todos os pontos. Fui testemunha de negociações que se romperam antes mesmo de terem começado porque nenhum dos lados estava disposto a ceder sobre quando e onde deveria se realizar o encontro ou sobre quem deveria estar presente. Ambos os lados igualavam a concessão à derrota.

Fazer concessões, portanto, pode ser uma arma poderosa em favor de também recebermos, tanto em situações de impasses e conflitos quanto em negociações de curso mais tranquilo. Tanto é assim que concessões surgem em várias etapas desse trabalho.

Por último, melhorar a precisão da comunicação em situações de impasse é algo que deve ser sempre perseguido. Vejamos o que dizem Lewicki et al. (2002, p. 258) sobre o processo de comunicação em situações de conflito, que podem levar a impasses:

Como dito anteriormente, quando o conflito se aquece, os esforços de comunicação concentram-se em gerenciar emoções e direcionar o próximo assalto ao outro. A escuta efetiva diminui. Você acha que sabe o que o outro lado vai dizer, e não se preocupa em escutar mais. No conflito intenso, escutar torna-se algo tão pequeno que as partes em geral ficam inconscientes que suas posições podem ter muito em comum. Um autor chamou isto de "cegueira do envolvimento", porque inibe o desenvolvimento de confiança e o processo de solução de problemas.

Nessa situação, a solução de impasses fica certamente ainda mais complexa.

(.) Ponto final

Parece estranho afirmar, mas impasses seriam a contradição a todo o processo de negociação tratado em todo este trabalho, considerando que, em teoria, todo o processo negocial objetiva soluções para atender interesses comuns. Mas como eles acontecem, temos de aprender a conduzi-los de forma a dissipá-los. Caso isso não seja possível, teremos de aprender a conviver com eles.

Foi esse o objetivo desta etapa. Além de definir o que são impasses, apresentamos aqui algumas técnicas de como promover sua eliminação. A base desse roteiro é resultado de pesquisa em obras de autores consagrados que tratam desse assunto.

Atividades

1. Assinale a afirmação INCORRETA sobre os impasses:
   a. São situações que impedem o prosseguimento das negociações.
   b. São diferenças de pontos de vista com características de interesses contraditórios.
   c. Decorrem de interesses antagônicos e interrompem negociações.
   d. Impasses são situações fáceis de serem solucionadas.
   e. A discussão e a competição, ao se agravarem, podem se degenerar e se transformar em impasses.

2. Assinale a alternativa INCORRETA de acordo com o texto deste capítulo:
   a. Impasses são entraves que simplesmente estancam o processo negocial, enquanto o conflito trata de desentendimentos que podem também estancar, mas raramente o fazem.

b. Desconhecer a importância da questão cultural em uma negociação pode promover impasses.
c. A discussão e a competição são inerentes ao processo negocial.
d. A criação de impasse muitas vezes acontece pela atitude inadequada dos negociadores.
e. Ao tentar debelar um impasse, negociadores se destroem mutuamente.

3. Assinale a alternativa INCORRETA relativa à solução de impasses:
   a. Podemos solucionar impasses por processos de mediação.
   b. A utilização de um conciliador é alternativa para solução de impasses.
   c. Solucionamos impasses retomando as negociações nas bases em que foram interrompidas.
   d. Persistindo o impasse, uma alternativa disponível para solucioná-lo é a justiça do Estado.
   e. Consultores podem auxiliar na solução de impasses.

4. Assinale a alternativa que apresenta a tática considerada INCORRETA como possível de ser solucionadora de impasses:
   a. Suspender a comunicação definitivamente.
   b. Deixar uma saída honrosa para a outra parte.
   c. Alterar as condições originais da negociação.
   d. Propor mudança do local da negociação.
   e. Usar o bom humor.

5. Assinale a alternativa INCORRETA no que diz respeito a concessões e à comunicação:
   a. Concessões e comunicação são ferramentas para remoção de impasses.
   b. Cortar a comunicação e evitar concessões são táticas solucionadoras de impasses.
   c. Fazer concessões pode ser uma arma poderosa em favor de também se conquistar outras concessões.
   d. Melhorar a precisão da comunicação em situações de impasse é algo que deve ser sempre perseguido.
   e. Fazer concessões é uma estratégia em qualquer tipo de negociação e não somente nas situações conflituosas e de impasses.

Considerações finais

Ao longo deste trabalho, informarmos que o assunto não se esgota aqui. Realmente, o processo negocial é amplo, de grande diversidade, pois nenhuma negociação é igual a outra. Por isso dizemos que é disforme, sendo, portanto, impossível de ser padronizado.

O processo negocial é um instrumento utilizado na busca de soluções, com a intenção de efetuar trocas que visam melhorar as condições de vida e a solucionar divergências entre as pessoas no seu dia a dia. Por meio da negociação, tratamos de situações familiares, de negócios que envolvem fusões e de aquisições de corporações multinacionais, passando por questões ligadas a situações de conflitos entre nações.

Por tudo isso, procuramos construir um roteiro que aborda técnicas possíveis de proporcionar ao leitor o desenvolvimento nessa área tão importante, de forma a prepará-lo para os embates pessoais e profissionais; sem conhecer essas condições fundamentais, iniciamos enfraquecidos qualquer processo de negociação.

Outro aspecto a considerar é o reduzido volume apresentado de casos práticos de negociação. Procuramos concentrar foco na questão do preparo técnico para o ato de negociar.

Esperamos que esse conjunto de regras e procedimentos auxiliem a todos, de forma a se sentirem mais bem preparados para discutirem relações de troca, econômicas ou não, ao longo de suas vidas.

Referências

ANDRADE, R. O. B. et al. *Cultura e ética na negociação internacional*. São Paulo: Atlas, 2006.

____. *Princípios de negociação*: ferramentas de gestão. São Paulo: Atlas, 2004.

BITTENCOURT, F. *Percepção, atitudes e comportamentos na negociação*. Disponível em: <http://www.institutomvc.com.br/costacurta/artFB_Percepcao_Atitude.htm>. Acesso em: 31 jan. 2009.

COHEN, H. *Você pode negociar qualquer coisa*. 6. ed. Rio de Janeiro: Record, 1980.

DUBRIN, A. J. *Fundamentos do comportamento organizacional*. São Paulo: Thomson, 2006.

FISHER, R. et al. *Como chegar ao sim*: a negociação de acordos sem concessões. Rio de Janeiro: Imago, 2005.

FORTUNA, E. *Mercado financeiro*: produtos e serviços. 16. ed. Rio de Janeiro: Qualitymark, 2006.

GOLDBERG, C. *Foi bom para você? E para o outro?* Disponível em: <http://www.institutomvc.com.br/insight77.htm#mat5>. Acesso em: 28 jan. 2009.

JUNQUEIRA, L. A. C. *Negociação*: inverdades perigosas. Disponível em: <http://www.institutomvc.com.br/costacurta/artla10_neg_inverdades.htm>. Acesso em: 28 jan. 2009.

LEWICKI, R. L. et al. *Fundamentos da negociação*. São Paulo: Bookman, 2002.

MALLMANN, D. *Se eu tiver de fazer tudo isto antes de negociar não terei tempo para comprar*. Disponível em: <http://www.institutomvc.com.br/insight83.htm#mat5>. Acesso em: 31 jan. 2009.

MCCORMACK, M. H. *A arte de negociar*. Rio de Janeiro: Best Seller, 2005.

MELLO, J. C. M. F. de. *Negociação baseada em estratégia*. São Paulo: Atlas, 2005.

ROBBINS, S. P. *Comportamento organizacional*. 11. ed. São Paulo: Prentice Hall, 2008.

SANTOS, A. de P. L. et al. *Estratégias e táticas de negociação*: um estudo aplicado à agroindústria. Disponível em: <http://www.unoescjba.edu.br/extensao/eventos/enepo/trabalhos/estrategia_negociacao.pdf>. Acesso em: 2 fev. 2009.

SHELL, G. R. *Negociar é preciso*. São Paulo: Negócio, 2001.

SIMON, H. Administrative Decision Making. *Public Administration Review*, Washington, D.C., v. 25, n. 1, p. 31-37, Mar. 1964.

WANDERLEY, J. A. *Sempre negocie para ganhar*. Disponível em: <http://www.guiarh.com.br/pp73.htm>. Acesso em: 2 fev. 2009.

WRIGHT, P.; KROLL, M. J.; PARNELL, J. *Administração Estratégica*. São Paulo: Atlas, 2000.

Gabarito

Capítulo 1
1. e
2. b
3. a
4. e
5. d

Capítulo 2
1. a
2. e
3. c
4. b
5. d

Capítulo 3
1. c
2. b
3. b
4. e
5. d

Capítulo 4
1. e
2. a
3. c
4. d
5. b

Capítulo 5
1. e
2. c
3. b
4. d
5. a

Capítulo 6
1. a
2. d
3. e
4. b
5. c

Capítulo 7
1. e
2. b
3. d
4. a
5. c

Capítulo 8
1. b
2. c
3. d
4. e
5. a

Capítulo 9
1. a
2. c
3. e
4. b
5. d

Capítulo 10
1. d
2. e
3. c
4. a
5. b

Os papéis utilizados neste livro, certificados por instituições ambientais competentes, são recicláveis, provenientes de fontes renováveis e, portanto, um meio responsável e natural de informação e conhecimento.

FSC
www.fsc.org
MISTO
Papel produzido a partir de fontes responsáveis
FSC® C103535

Impressão: Reproset
Março/2021